Embarquez sur le Vogue Merry avec 100 jeux, tests et quiz

NETFLIX

ONE PIECE

ワンピース

Cahier d'activités pour adultes

hachette HEROES

58, rue Jean Bleuzen - 92178 Vanves Cedex

Nous utilisons des papiers composés de fibres naturelles, renouvelables, recyclables et fabriqués à partir de bois issus de forêts adoptant un système d'aménagement durable. En outre, nous travaillons avec des fournisseurs de papier qui s'inscrivent dans une démarche de certification environnementale reconnue.

Direction : Catherine Saunier-Talec
Directeur de projet : Timothée Le Mière
Directrice artistique : Mélissande Mestas
Responsable de projet : Anaïs Guichard, assistée d'Océane Hidalgo
Autrice : Cléa Harold
Conception et réalisation intérieure et couverture : Antartik
Fabrication : Anne-Laure Soyez

Dépôt légal : juillet 2024
69-1071-4/01
ISBN : 978-2-01-789451-3
Imprimé en Espagne par Macrolibros

PAPIER CERTIFIÉ

hachette s'engage pour l'environnement en réduisant l'empreinte carbone de ses livres. Celle de cet exemplaire est de : 250g éq. CO_2
Rendez-vous sur www.hachette-durable.fr

Chers moussaillons, vous voici à l'aube d'une grande aventure !

Enfilez votre plus beau chapeau de paille, grimpez à bord du Vogue Merry et revivez les plus grands moments de la saison 1 de *One Piece* ! Mais, avez-vous l'âme d'un pirate digne de l'équipage de Luffy ? Et connaissez-vous bien ses compagnons de route ainsi que ses ennemis ? Au fil de ces pages de jeux, de quiz et d'activités, vous allez avoir l'occasion de le vérifier et surtout, de voir si vos neurones sont aussi élastiques que votre capitaine préféré !

BON VENT !

SOMMAIRE

OUTILS DE NAVIGATION

CETTE PAGE COMPORTE DIFFÉRENTS DOCUMENTS QUI POURRONT VOUS AIDER TOUT AU LONG DE VOTRE PÉRIPLE :

LE TABLEAU DU CODE MORSE

A	•—	S	•••
B	—•••	T	—
C	—•—•	U	••—
D	—••	V	•••—
E	•	W	•——
F	••—•	X	—••—
G	——•	Y	—•——
H	••••	Z	——••
I	••	1	•————
J	•———	2	••———
K	—•—	3	•••——
L	•—••	4	••••—
M	——	5	•••••
N	—•	6	—••••
O	———	7	——•••
P	•——•	8	———••
Q	——•—	9	————•
R	•—•	0	—————

GAMME DE DO MAJEUR

UN TABLEAU DU SYSTÈME CHIFFRES ROMAINS/ CHIFFRES ARABES

1 = I	9 = IX	17 = XVII	70 = LXX
2 = II	10 = X	18 = XVIII	80 = LXXX
3 = III	11 = XI	19 = XIX	90 = XC
4 = IV	12 = XII	20 = XX	100 = C
5 = V	13 = XIII	30 = XXX	500 = D
6 = VI	14 = XIV	40 = XL	1000 = M
7 = VII	15 = XV	50 = L	
8 = VIII	16 = XVI	60 = LX	

CES OUTILS VOUS PERMETTENT DE PARTIR À L'AVENTURE ÉQUIPÉ POUR AFFRONTER DIVERS ADVERSAIRES !

GOLD ROGER

Nous vivons une époque de piraterie !

Partout dans le monde, des équipages arborent le drapeau noir et écument les mers en quête de richesses… mais à qui doit-on tout cela ?

Au capitaine Gold Roger !

Bien peu de choses sont connues à son sujet… À part une, et pas des moindres : il fut le roi des pirates, le meneur de tous ceux qui naviguent sur les océans au nom de la liberté. Ce titre ne plut guère au Gouvernement Mondial, constamment défié par les actes de Gold Roger…

Hélas pour lui, il finit par être capturé par les Marines et condamné à l'échafaud. C'est à ce moment fatidique qu'il devint plus que jamais une légende. La foule rassemblée pour assister à l'exécution n'avait qu'une question aux lèvres : où se trouvait donc l'or accumulé durant toutes ces années par le roi des pirates ? Gold Roger, amusé par l'exaltation de l'auditoire, éclata de rire et déclara que son trésor, le One Piece, existait bel et bien. Certes, il était caché… mais il reviendrait au premier qui le trouverait !

Il n'en fallut pas plus pour que les spectateurs curieux se ruent à leurs navires et partent à l'aventure afin de trouver le plus grand trésor de tous les temps ! C'est ainsi que commença l'âge d'or de la piraterie dans laquelle nous nous trouvons.

À L'AUBE D'UNE GRANDE AVENTURE

1 Corvée de nettoyage

À bord du navire de la terrible Alvida, le jeune Kobby est chargé de tout nettoyer et ranger... Y compris les multiples armes de son capitaine ! Combien de masses trouvez-vous dans l'image suivante ?

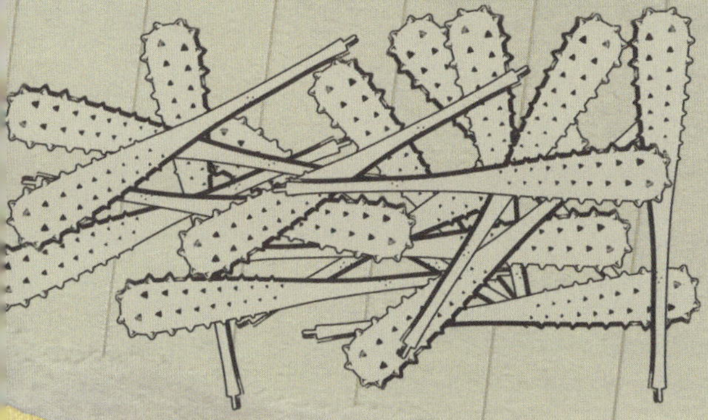

2 Confusion marine

Tout bon pirate se doit de connaître quelques bases essentielles. Surtout lorsque l'atmosphère commence à s'échauffer ! Voyons voir si vous arrivez à retrouver les mots suivants au milieu d'une attaque ennemie.

X	D	M	D	B	Z	X	P	R	O	U	E	M	P
M	F	O	B	A	R	R	E	A	Z	G	T	O	A
A	K	C	X	M	I	L	H	M	P	X	R	U	B
R	F	O	G	Z	C	F	B	M	A	V	I	S	O
I	F	R	T	O	U	R	U	S	V	I	B	S	R
N	M	S	O	L	U	A	P	Z	I	G	O	A	D
E	J	A	A	W	U	V	Z	V	L	I	R	I	A
A	P	I	W	L	P	M	E	M	L	E	D	L	G
Z	U	R	G	E	F	O	Q	R	O	S	N	L	E
C	Y	E	T	R	Q	D	U	J	N	C	W	O	P
B	A	B	O	R	D	Q	J	P	G	A	C	N	B
A	M	A	R	R	E	R	I	E	E	L	I	I	Y
V	O	I	L	U	R	E	L	L	G	E	V	L	O
H	I	H	B	Q	I	S	A	B	O	R	D	E	R

ABORDAGE BABORD MOUSSAILLON POUPE
GOUVERNAIL CALE VOILURE VIGIE AMARRER
SABORDER PAVILLON CORSAIRE
TRIBORD BARRE PROUE MARINE

3 Signaux mystérieux

En pleine nuit, vous croisez, sur le navire d'Alvida, une mystérieuse barque qui vous envoie des signaux lumineux. Voilà ce qu'ils donnent une fois couchés sur le papier :

•– – – • –• – •• –––
–• •• •–•• –•–– •–
••– –• •––• •• •–• •–
– • –•–• •– –•–• •••• •
–•• •– –• ••• ••– –•
–•• • •••– ––– ••• –
––– –• –• • •– ••– –••–

LE COIN DES FANS

QUI A DIT... « IMAGINE QUE C'EST UN GIGOT. ÇA, TU NE LE FERAIS PAS TOMBER ! » ?

4 PASSER L'ENNUI

Les journées peuvent être longues lorsque l'on est en mer. L'océan à perte de vue est, certes, propice au rêve, mais il faut garder l'esprit aussi éveillé qu'aiguisé ! Après tout, une attaque de Marines ou une tempête n'est jamais loin. Voici de quoi faire :

	1						7	9
8		4					3	
		3		6	9	4	1	
			4			7		
7				3				
		2		9			4	
		1		8	5			
								2
5			7	1				

LE COIN DES FANS

LE VICE-AMIRAL GARP A UN ANIMAL FÉTICHE DONT IL PORTE TOUJOURS LE SYMBOLE... LEQUEL ?

5 GARDE AU PIÈGE

Hep, matelot ! Votre équipage a besoin de vous : la vigie vient d'apercevoir un navire ennemi. Mais avant de l'aborder, il est nécessaire de bien l'observer. C'est qu'il ne faudrait pas que ce soit un piège des Marines... allez, au travail, identifiez les dix différences entre ces deux images.

6 TRAÎTRE À BORD !

Il semble bien qu'il y ait un traître à bord !
Vous pensez qu'il communique avec les autorités.
Comment ? Bonne question ! Si vous le saviez,
cela vous faciliterait la tâche... Voici une lettre suspecte,
pouvez-vous trouver le message caché qui s'y trouve ?

Enfin nous y voilà ! nous somes arrivés a destination ! Deus jour de repos seront les bienvenus. Après ce voyage, nul doute qu'ils nous feront dû bien. Il faut dire que j'ai les jambes en compote à force de marcher de long en large sur ce maudit pont. Je suis impatient d'aller me promener sur le porc où tous les navires sont amarrés ! N'hésitez pas à me donner de vos nouvelles.

KOBBY

On ne peut pas dire que Kobby ait de la chance…

Lui qui se rêvait Marine commence sa carrière au service de la terrible pirate Alvida. Méprisé et maltraité par son capitaine durant deux ans, ses lunettes faillent y rester plus d'une fois !

C'est alors qu'il croise la route d'un curieux passager clandestin : Luffy. Décidément pour Kobby, la vie semble se résumer à aller de pirate en pirate. À sa plus grande surprise, il découvre en Luffy un pirate non pas épris de richesses mais de liberté, qui n'hésite pas à le défendre alors qu'ils se connaissent à peine.

Finalement, Kobby parvient – comme il le souhaitait depuis toujours – à rejoindre les rangs de la Marine. Ce nouveau poste lui permet de rencontrer une multitude de personnages hauts en couleur, comme son collègue Hermep ou le vice-amiral Garp, mais surtout de recroiser le chemin de Luffy… qu'il doit désormais traquer. Malgré cette chasse au chapeau de paille lancée, Kobby n'en oublie pas moins l'amitié qui le lie à la toute première personne qui a crû en lui.

THE STRONG ARM OF THE WORLD GOVERNMENT • THE STRONG ARM OF THE WORLD GOVERNMENT • MARINE

7 PASSAGER CLANDESTIN

Quelqu'un s'est caché dans un tonneau mais lequel exactement ? Un pirate pense avoir repéré le bon. Il vous explique : « J'ai marqué tous les tonneaux avec des étiquettes pour savoir ce qu'ils contenaient. Je pense que le tonneau suspect est celui qui vient après cette suite. »

AR — BQ — CP — DO

SELON LA LOGIQUE, QUELLE EST L'ÉTIQUETTE SUIVANTE ?

EN — AN — FC — EF

____

8 CALCUL ÉLASTIQUE

Il y avait bien quelqu'un caché dans un tonneau : Luffy ! Ce dernier n'est pas bien accueilli par les pirates qui décident de l'attaquer. Pas de chance, notre héros est élastique et se défend sans problème ! Ça a l'air facile comme ça mais pour se battre ainsi, il faut avoir une bonne idée de la surface que l'on couvre avec ses bras... Pouvez-vous mesurer la surface géométrique de ce triangle ?

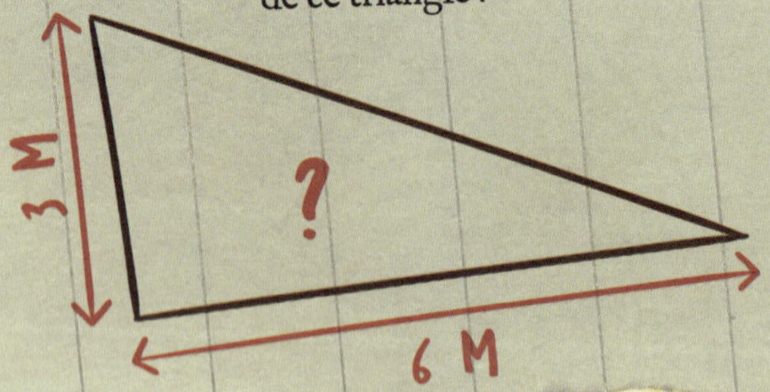

9 AVANT DE S'ENFUIR

Maintenant que l'alarme est donnée sur le navire et que Kobby s'est associé à Luffy, il vaudrait mieux filer. Mais avant de partir, n'oubliez pas l'essentiel :

JE SUIS UN INSTRUMENT,
MAIS JE SUIS SILENCIEUX
J'AI UNE AIGUILLE,
MAIS JE NE PIQUE PAS
SI VOUS ME PERDEZ,
VOUS LE SEREZ AUSSI
QUI SUIS-JE ?

____

LE COIN DES FANS

QUI A DIT...
« QUI EST LA PLUS GRANDE PIRATE DE TOUTES LES MERS ? » ?

____

10 INFILTRATION

L'idéal maintenant serait de s'infiltrer une base des Marines pour voler une carte menant à la légendaire Grand Line. Mais pour cela, il faudrait d'abord... une carte de la base. On ne s'en sort plus ! Heureusement, vous êtes parvenu à en récupérer une dans une taverne. Hélas, elle est un peu découpée après un combat avec le chasseur de pirates Zoro. Il vous faut la reconstituer !

S R O R T E I U A N

11 CODE SECRET

Enfin, vous êtes enfin devant le coffre contenant la carte tant recherchée. La voleuse Nami va se charger de l'ouvrir. Cela dit, vous devriez l'aider car des Marines convergent vers vous ! Les codes suivants ont déjà été essayés :

1 – 2 – 3, AUCUN CHIFFRE N'EST BON !

6 – 1 – 3, UN SEUL CHIFFRE EST BON, MAIS MAL PLACÉ !

7 – 4 – 6, UN SEUL CHIFFRE EST BON, ET BIEN PLACÉ !

2 – 8 – 7, UN SEUL CHIFFRE EST BON, ET BIEN PLACÉ !

1 – 9 – 3, UN SEUL CHIFFRE EST BON, MAIS MAL PLACÉ !

12 GARE AUX HACHES

Oups, voilà Morgan, le chef des Marines de la base ! Il vous attaque en abattant rapidement sa hache dans tous les sens. À cause de la vitesse des coups, vous voyez l'arme en double, en triple, non, en grand nombre. Mais une seule est à éviter, celle qui diffère de toutes : laquelle est-ce ?

LE COIN DES FANS

QUEL ACTEUR INCARNE ZORO ?

LUFFY

Voici Monkey D. Luffy, votre capitaine, alors un peu de respect !

À première vue, ce frêle garçon au large sourire n'est pas celui que nous citerions pour parler du futur roi des pirates. Pourtant, ceci est bel et bien son rêve et pour l'atteindre, rien ne l'arrêtera : pirates, Marines, monstres... tous vont avoir affaire à celui qui est surnommé « Luffy au chapeau de paille ». Un sobriquet simple à expliquer : il suffit de regarder ce qu'il porte sur la tête ! D'ailleurs, ce précieux accessoire lui a été confié par son mentor qui n'est d'autre que le célèbre pirate, Shanks.

Débordant autant d'enthousiasme que d'énergie, aussi naïf que courageux, Luffy est un gourmand au grand cœur, ce qui fait de lui un capitaine pas comme les autres. Ah ! et il détient des pouvoirs surnaturels après avoir mangé un Fruit du démon (le Gum-Gum), rendant son corps élastique. Certes, en contrepartie, il est désormais affaibli au contact de l'eau de mer et il ne sait pas nager, mais ce n'est pas un problème pour lui car après tout, un capitaine doit être sur son navire, pas dans l'eau !

Capable d'étirer son corps autant qu'il le souhaite, il s'en sert pour donner des coups de poing et de pied d'une force incommensurable. Il peut aussi renvoyer les balles, les boulets et... à vrai dire, la seule limite est son imagination et il n'en manque pas !

Surprenamment, Luffy est le petit-fils du vice-amiral Garp. Ce dernier n'arrive pas à croire (et comprendre) qu'un membre de famille ait choisi de devenir un pirate plutôt qu'un Marine.

ANCHOR

L'HOMME AU CHAPEAU DE PAILLE

13 EN ROUTE !

Vous voilà en mer, en route pour de nouvelles aventures ! En chemin, vous croisez de nombreux navires dont les intentions ne sont pas des plus bienveillantes... De surcroît, vous avez du mal à les identifier correctement. Classez de 1 à 5 les bateaux suivants par taille croissante (en moyenne) :

UNE VEDETTE ___ UN RUNABOUT ___

UN PAQUEBOT ___ UNE BARQUE ___

UN TROIS-MÂTS ___

14 VILLAGE DÉSOLÉ

Vous amarrez près d'un village qui n'a pas l'air bien peuplé. C'est comme si tous les habitants étaient soudainement partis... Mais tiens, qu'est-ce que c'est que ça ? Décodez le mystérieux message qui se trouve par terre.

DWWHQWLRQ D EDJJB OH FORZQ !

___

___

15 PHYSIONOMIE

Cela fait maintenant quelques jours que vous côtoyez Luffy. Commencez-vous à bien le connaître (ne trichez pas le regardant !) ?

LUFFY A UNE CICATRICE SOUS L'ŒIL...

☐ GAUCHE ☐ DROIT

IL A EU CETTE CICATRICE...

☐ AU COMBAT

☐ DANS UN ACCIDENT

☐ EN SE L'ÉTANT FAITE LUI-MÊME

LE COIN DES FANS

QUI A DIT...
« JE NE ME REPOSERAI QU'UNE FOIS CES PIRATES PENDUS À MES CROIX. » ?

___

16 FRAGMENTÉ

Attention à Baggy le Clown ! Il possède l'incroyable pouvoir de séparer les membres de son corps afin de les contrôler séparément, notamment pour attaquer ses victimes dans toutes les directions. Avez-vous l'œil ? Neuf parties du corps de Baggy se sont cachées dans les pages concernant l'épisode 2 « L'homme au chapeau de paille ».

À vous de toutes les retrouver !

17 RECONNAISSANCE

Il est important d'apprendre à reconnaître ses ennemis pour les arrêter à temps. Parmi ces différents logos appartenant à Baggy, lequel est le bon ?

18 ANATOMIE HUMAINE

Bravo, vous avez réussi à attraper Baggy ! Maintenant, la dernière étape : il va falloir le recomposer dans le bon ordre. Pour ça, rien de mieux que de réviser l'anatomie humaine. Placez au bon endroit ces parties du corps :

CLAVICULE ____
CRÂNE ____
HUMÉRUS ____
MANDIBULE ____
ROTULE ____
STERNUM ____
TARSES ____
VERTÈBRES ____

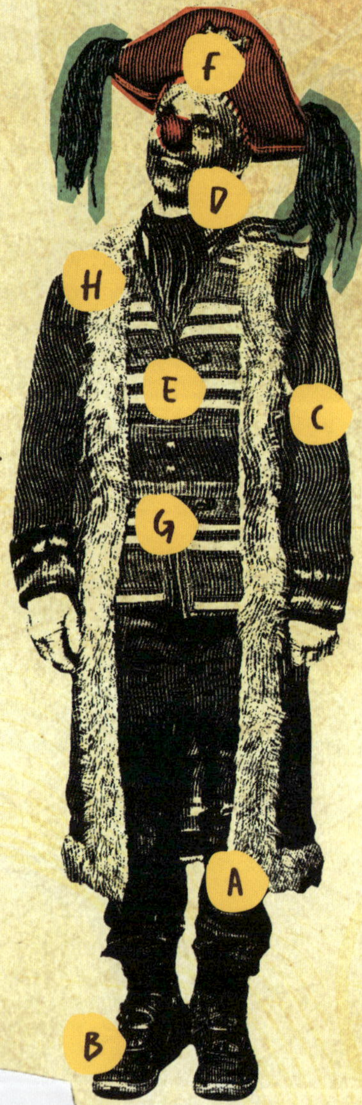

19 RECONSTITUTION

Vous avez enfin vaincu Baggy ! Après avoir trié les morceaux, vous les avez enfermés dans différentes boîtes. Hélas, un de vos coéquipiers les a fait tomber et maintenant, elles sont mélangées ! Heureusement, vous aviez pensé à les annoter. Comment faut-il ranger ces boîtes pour remettre Baggy dans l'ordre ?

EP TO PIE TÊ JB CO

BAGGY LE CLOWN

Un clown-pirate, est-ce possible ?

Eh bien oui, avec Baggy ! Ce capitaine au gros nez rouge n'hésite pas à enlever des villageois pour les forcer à assister aux sinistres représentations de cirque qu'il donne avec son équipage. Pour un clown, il n'est pas très drôle… ou en tout cas, pas volontairement !

Ce qui le rend particulièrement dangereux est son pouvoir de Fruit du démon qui fait de lui un « homme-fragmentation » : un instant, il est entier, le suivant, il est en morceaux. Il contrôle avec aisance les parties de son corps qu'il fait voler dans toutes les directions pour attaquer ses adversaires !

Baggy est donc difficile à vaincre puisqu'il peut se disperser à volonté pour éviter un coup ou combattre de loin avec une main volante et armée. Il a aussi d'autres tours dans son sac : quoi de mieux pour espionner un rival que de glisser une oreille (ou un œil) dans sa poche ?

Fourbe mais pas vraiment courageux – assez lâche même –, Baggy fait partie de ces pirates très confiants qui sous-estiment Luffy… à tort !

Le coin des fans

De quelle couleur sont les lunettes de Kobby ?

20 L'entrée chez les Marines

Kobby rencontre le vice-amiral de la Marine, Garp. Ce dernier veut bien l'engager dans son équipage et lui permettre d'accomplir son rêve... mais un Marine se doit d'être débrouillard ! Vérifions cela : avec seulement trois épées, faites de cette forme un cube, et vous découvrez si, vous aussi, vous pouvez rejoindre les rangs.

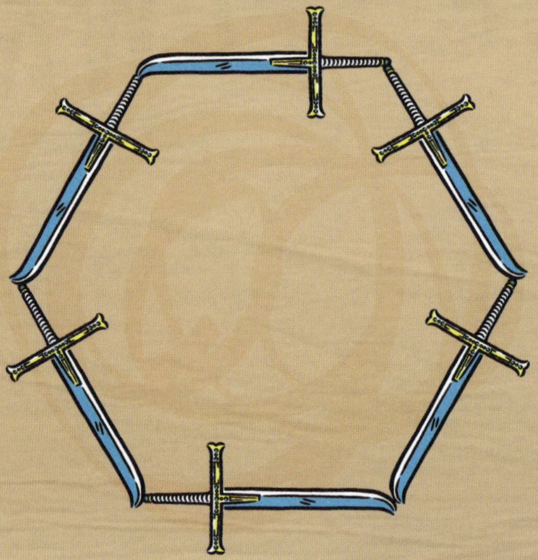

21 Bavardage

Il semblerait que Nami ait profité d'un moment de calme pour s'absenter. Mais où est-elle passée ? Parmi l'équipage, vous commencez à entendre quelques commérages... tendez donc l'oreille pour savoir ce qu'il se dit.

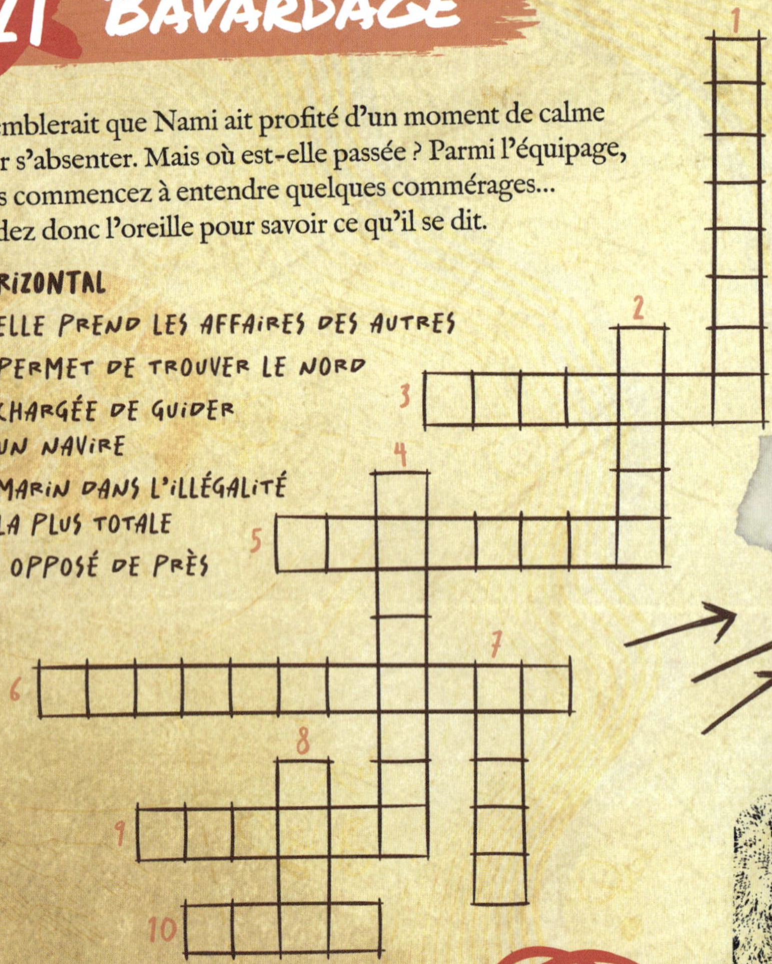

Horizontal

3. Elle prend les affaires des autres
5. Permet de trouver le nord
6. Chargée de guider un navire
9. Marin dans l'illégalité la plus totale
10. Opposé de près

Vertical

1. Sentiment de ne pas avoir confiance
2. Départ sans autorisation
4. Qui n'est pas attendu
7. Objet déroulable nécessaire à la navigation
8. Première concernée

22 Cachotterie

Ouf, Nami est de retour ! Cependant, vous avez encore des doutes quant à ce qu'elle est partie faire, notamment après avoir vu tomber de sa poche un curieux papier. On dirait que quelque chose l'obsède, mais quoi ? Déchiffrez la mystérieuse note :

grand radeau ami nami destin luffy impossible navire embarquer

23 Jouer du compas

Il est temps de reprendre la mer ! Avec Nami au poste, vous avez une navigatrice de talent. Toutefois, si elle prend des mesures et joue du compas facilement, c'est à vous de gérer les calculs. Et sans calculatrice, pirate (ça n'existe pas, allons) !

$8 \times 12 =$ ______

$3 \times 6 \times 9 =$ ______

$5 \times (7 - 5) - 2 =$ ______

$11 \times 22 =$ ______

$76 - 59 + 31 - 8 =$ ______

$12 / (6 \times 2) =$ ______

24 Chez le marchand

Moussaillon, nous avons besoin de vous ! Nous devons nous ravitailler, et par conséquent, il faut porter un message aux marchands du port le plus proche. Vous êtes chargé de rédiger la missive. À votre plume, un membre sérieux de l'équipage se doit de bien écrire !

Nous avons (boire) ______ tous nos tonneaux d'eau douce.

Les bananes à notre bord sont (pourrir) ______ et doivent être (échanger) ______.

Notre poudre est (mouiller) ______ dans les barils.

Nos voiles doivent être (recoudre) ______.

Les cordages que nous avons (utiliser) ______ sont usés.

La plupart d'entre nous (avoir besoin) ______ de nouveaux pantalons.

25 Puzzle

26 Bouteille à la mer

Oh, nous avons trouvé cela dans une bouteille à la mer ! Ce sont des nouvelles de Baggy.

QUE RACONTE-T-IL ?

·−−− · −− · ···−

· −· −−· · ·−· ·− ··

______

______

USOPP

Il n'y a sûrement pas plus pipo qu'Usopp !

Originaire du village Sirop, il hurlait à tort et à travers l'arrivée des pirates s'apprêtant à piller les lieux.

Cela a duré des années, ce qui finit par exaspérer au plus haut point tous les habitants. À force de crier au loup, plus personne ne fit attention à ses alertes bruyantes. Quel dommage car le jour où il aperçut de vrais pirates, aucun villageois ne le crut...

Heureusement, Usopp a le mérite de distraire sa grande amie Kaya, qui adore écouter ses histoires farfelues où il accomplit jour après jour des exploits imaginaires. Au fond, tous ces bobards viennent d'un désir profond de devenir un valeureux guerrier des mers, comme son père.

Et il faut bien avouer qu'Usopp a un talent unique : c'est un tireur d'élite d'exception ! Qu'importe la distance, il atteint toujours sa cible ; une compétence très utile pour l'équipage du Chapeau de Paille qu'il rejoint.

Si dans son imagination, il est un capitaine craint et respecté qui ne recule devant rien, en réalité, Usopp est moins courageux quand le danger le surprend... Toutefois, dès que ses amis sont en danger, il n'hésite plus et se jette dans la bataille pour leur venir en aide.

Il a tendance à bougonner lorsqu'on ne le prend pas d'enjeu pour le capitaine (ou lorsque son pavillon personnel n'est pas adopté) mais avec lui, tout finit toujours par bien se terminer : il n'aime pas les conflits et préfère voir ses compagnons heureux !

PAS D'HISTOIRES

27 BIENVENUE AU VILLAGE SIROP !

Sirop serait un village tranquille si un certain Usopp ne passait pas son temps à y hurler l'arrivée des pirates. Bon, c'est vrai que vous êtes un pirate, il n'a pas tort pour une fois.
Mais contrairement à lui, vous savez les repérer ! Par exemple, combien voyez-vous de Jolly Roger ici ?

LE COIN DES FANS

AU COMBAT, COMBIEN DE COUTEAUX BAGGY GLISSE-T-IL ENTRE LES DOIGTS DE SA MAIN ?

28 SUSPECTS...

Alors que vous vous promenez dans le village, vous surprenez des individus suspects qui disparaissent dans une ruelle sitôt qu'ils vous ont aperçu. Tiens, tiens, il semblerait qu'ils aient laissé un papier derrière eux. Complétez la grille pour ne retenir ensuite que les lettres dans les cases rouges : cela devrait vous en dire plus sur eux.

			S		T	B		i
	A		R				C	
B							T	
T		P			E		R	A
		A				P		
C	i		P			T		S
	T							R
	C				S		P	
i		E	A		R			

29 UN PEU DE REPOS

Quel coup de chance, vous êtes invité chez Kaya, une riche héritière du village ! Voilà qui promet un bon repas et une nuit tranquille. Mais sur place, les serviteurs de Kaya vous traitent curieusement, comme s'ils vous prenaient de haut. Prouvez leur que vous avez déjà mis les pieds sur un navire : reliez ses mots japonais à leur traduction française.

Senchou •	• *Océans, mers*
Kurohige •	• *Boussole*
Konpasu •	• *Barbe noire*
Norikumiin •	• *Bateau pirate*
Unabara •	• *Capitaine*
Kaizokuen •	• *Équipage*

30 L'ANTIDOTE

Houla... quelque chose se trame dans ce manoir ! Le cuisinier a préparé une étrange soupe bleue que vous soupçonnez être du poison. Pour prouver ce qu'il se trame, il vous faut reproduire la soupe et réaliser l'antidote. Mais le livre de recettes n'est pas très compréhensible :

- Les 3 ingrédients sont 1 poudre rouge, 1 liquide bleu, du poivre blanc.
- La soupe comme l'antidote contiennent 100 grammes d'ingrédients.
- Les doses d'ingrédients pour la soupe comme pour l'antidote sont réparties ainsi : 10, 40 et 50 grammes.
- La soupe contient plus de poudre rouge que de liquide bleu.
- La soupe contient moins de poivre blanc que de poudre rouge.
- La soupe comme l'antidote contiennent autant de liquide bleu.
- Il y a plus de poudre rouge dans la soupe que dans l'antidote.
- Pour réaliser la soupe et l'antidote, il faudra 90 grammes de poivre blanc en tout.

ALORS, QUELLE EST LA RECETTE POUR LA SOUPE ET POUR L'ANTIDOTE ?

31 UN VRAI LABYRINTHE

Vos talents de cuisinier ont fait leur preuve ! Vous feriez mieux de trouver rapidement votre chemin dans le manoir pour prévenir les autres de ce danger. Hélas, c'est un véritable labyrinthe... trouvez la sortie au plus vite !

Entrée

Sortie

32 ALLÔ ?

La situation se complique... Pendant que vous vous faufiliez dans le dédale du manoir, quelqu'un en a activé les défenses. Les portes se verrouillent et vous vous retrouvez séparé du reste de l'équipage. Allez, ce n'est pas ça qui va vous arrêter, non ? Surtout après avoir mis la main sur une pile d'escargophones pour appeler vos camarades à la rescousse ! Reste à trouver le bon.

LE COIN DES FANS

COMMENT SE FAIT APPELER LE MAJORDOME DE KAYA ?

SHANKS

Ce pirate au grand cœur est un véritable modèle pour Monkey D. Luffy et ce, depuis sa tendre enfance. Luffy a tout fait pour attirer son attention et rejoindre son équipage, jusqu'à s'infliger une blessure sous son œil gauche (dont il garde la cicatrice).

Il faut dire que Shanks n'est pas vraiment un pirate conventionnel, bruyant et bagarreur. De nature discrète et décontractée, il préfère éviter tout combat inutile, même quand des imbéciles le provoquent dans une taverne. Pourquoi perdre son temps et prendre des risques pour rien ? Cela ne l'empêche pas d'être taquin, tout en imposant un respect auprès des membres de son équipage et des autres pirates !

Son influence a été déterminante pour Luffy. Shanks semble ne pas se préoccuper de ce que les gens pensent de lui et il sait faire preuve d'une générosité sans limite : il n'a d'ailleurs pas hésité à perdre un bras pour protéger son petit admirateur !

D'abord dubitatif quant au rêve de Luffy, Shanks finit par lui confier son précieux chapeau de paille, qui devient alors le trésor le plus précieux du jeune garçon. Nul doute que leurs chemins se recroiseront…

33 LE MOT DE PASSE

Ça y est, vous êtes parvenu à retrouver le reste de l'équipage ! Mais vos trois comparses se sont retranchés dans une pièce, refusant de laisser entrer qui que ce soit. Vous les entendez parler de l'autre côté de la porte :

« SI TU ES BIEN
LE RUSÉ MATELOT QUE
TU PRÉTENDS ÊTRE,
ALORS TU DOIS
POUVOIR RÉPONDRE
À CETTE ÉNIGME.
SI JE DIS SIX,
TU RÉPONDS TROIS.
SI JE DIS QUATRE,
TU RÉPONDS SIX.
SI JE DIS HUIT,
TU RÉPONDS QUATRE.
DONC, SI JE DIS NEUF... »

____

____

LE COIN DES FANS

QUI A DIT,
EN PARLANT D'USOPP :
« CE TYPE EST UN
VRAI MYTHO » ?

____

34 UN PAPIER SOUS LA PORTE

Vos équipiers pirates vous reconnaissent ! Mais au lieu de vous ouvrir, l'un d'eux vous glisse un papier sous la porte. Oh non, pourquoi tout est-il toujours si compliqué...? Par où faut-il passer d'après ce message (qui n'a pas beaucoup de sens comme cela) ?

Cher matelot,
Toi qui es brillant comme Luffy,
Tourne à gauche,
Tourne à droite,
Puis tourne à droite.
Enfin, fais ton choix, et n'oublie pas,
une sur deux suffit parfois !
Puis va tout droit,
Fais demi-tour, pas par-là !
Et tu arriveras au passage
qui mène jusqu'à moi !

35 ATTENTION AUX GRIFFES

En chemin, vous croisez le majordome de Kaya qui se révèle être Kuro, le capitaine des pirates du Chat Noir ! Celui-ci se met à foncer vers vous en décrivant des cercles de ses longues griffes tranchantes. Pour les esquiver, mieux vaut les repérer ! Combien voyez-vous de cercles ?

36 SUPERSTITION

Les pirates du Chat Noir attaquent à l'unisson ! Ils portent bien leur nom : croiser leur route est un véritable malheur. Pourtant, le chat noir n'est pas le pire animal pour un marin. Selon la superstition, laquelle de ces bêtes porte le plus de malchance sur un navire ?

UN CHIEN

UNE MOUETTE

UN RAT

UN LAPIN

UN DAUPHIN

UN PERROQUET

37 AMIE PERDUE...

Zoro se joint au combat contre les Chats Noirs. Du renfort est en effet bienvenu ! Le chasseur de pirates a dû s'entraîner sans relâche pour utiliser ses lames de cette manière. Mais d'ailleurs, durant son apprentissage, Zoro avait une amie qu'il a perdue depuis. Quel était son nom ?

SHIMOTSUKI KUINA

KIMOTSUKI SUINA

STUKINOMI KUINA

NAMISTUKI KUINA

38 ALERTE, ALERTE !

Il y a un problème : Zoro est hors d'état de nuire ! Le mieux à faire, là tout de suite, serait de vous cacher afin d'avertir discrètement le village de la présence de pirates... et cette fois, ce n'est pas une plaisanterie d'Usopp ! Complétez vite ce message pour convaincre le maximum de villageois :

Les pirates (Attaquer / Passé composé) ____________ la villa de Kaya ! Nous (Manger / plus-que-parfait) ____________, sans nous méfier du personnel de la maison mais, au milieu de la nuit, ils (révéler / Passé simple) ____________ leurs véritables couleurs ! (Vaincre / Impératif présent) ____________ les pirates ensemble pour libérer l'île.

39 PUZZLE

ZORO

Roronoa Zoro n'est pas un simple pirate. Il est en réalité un ex-chasseur de pirates ! Et surtout, il est le premier membre à rejoindre l'équipage du Chapeau de Paille (malgré de multiples refus). La raison ? Il n'a pas seulement vu en Luffy un bandit des mers mais aussi un véritable aventurier épris de liberté qui, comme lui, a un grand rêve...

En effet, Zoro souhaiterait plus que tout devenir le meilleur épéiste au monde ! C'est un objectif qu'il s'est fixé très tôt et qu'il a partagé avec son amie Shimotsuki Kuina, aujourd'hui disparue. Le sabreur ne l'a jamais oubliée et, à sa mémoire, il n'abandonnera pas tant qu'il n'aura pas réalisé son rêve.

Il y arrivera certainement un jour grâce à son style de combat unique ! Ferraillant avec trois épées, dont une qu'il tient entre ses dents, ses adversaires regrettent généralement d'avoir croisé sa route. Zoro est tout de même battu à plate couture par Mihawk ; une défaite après laquelle il se jura de ne plus jamais perdre un combat avant de pouvoir à nouveau affronter ce même pirate.

Son attitude sérieuse, concentrée et focalisée sur la victoire fait de lui le second de Luffy, permettant alors de contrebalancer la personnalité exubérante du capitaine. Homme d'honneur, Zoro combat pour son rêve, ses amis et ses promesses !

PIRATES DROIT DEVANT !

40 LE PUITS

Zoro se réveille au fond d'un puits ! Les pirates se sont débarrassés de lui après l'avoir mis hors de combat. Il est piégé, désarmé… mais pas sans ressources ! Pour l'aider, vous pourriez commencer par retirer la grille qui bloque le puits. Par exemple, en remettant un peu d'ordre dans le vieux mécanisme qui l'actionne et que les pirates ont brisé.

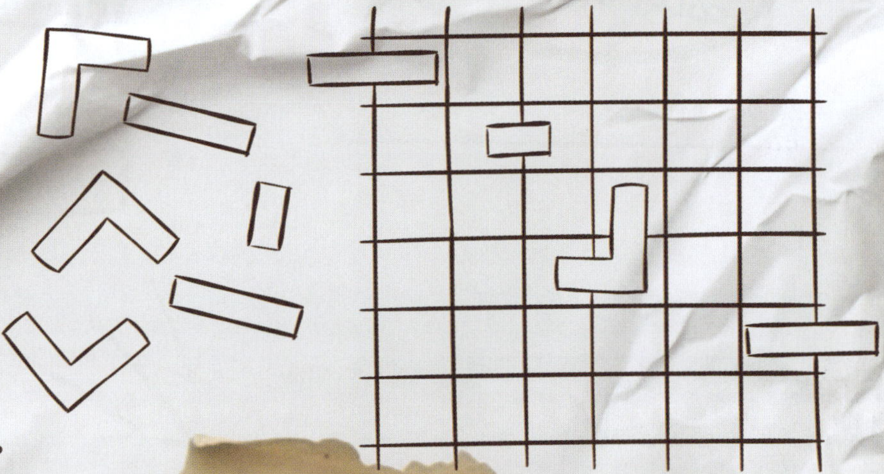

41 À L'AIDE !

Usopp est parvenu à trouver de l'aide : les Marines, parmi lesquels se trouve Kobby ! Ils se dirigent droit vers la maison. Mais avec les défenses de celle-ci activées, la grille du jardin s'est verrouillée ! À vous de jouer pour l'aider à l'ouvrir. La serrure demande de rentrer quatre codes, où il faut convertir des lettres en chiffres. Êtes-vous à la hauteur ?

ML =

XCIX =

XV =

LV =

42 QUEL BARATINEUR !

Lorsque les Marines arrivent à la porte du manoir, Kuro leur ouvre, et prétend ne rien savoir de ce qu'il s'est passé ! Il suggère même que cette histoire de pirates attaquant Kaya n'est qu'une invention d'Usopp. Quel baratineur ! Prouvez-le en reliant les phrases aux figures de style correspondantes :

PARALLÉLISME	« NE VOUS GÊNEZ PAS À AINSI PIÉTINER LE GAZON ! »
OXYMORE	« LA MAISON NE CRAINT AUCUN PIRATE. »
PERSONNIFICATION	« USOPP MENT PARFOIS UN TOUT, TOUT PETIT PEU, IL EST VRAI. »
ANTIPHRASE	« J'AI MAL POUR CE PAUVRE GARÇON. J'AI MAL POUR LES GENS QU'IL ENNUIE DE SES MENSONGES. »
EUPHÉMISME	« CE PAUVRE USOPP VOUS A MENÉ DANS LA BRILLANTE OBSCURITÉ DE SES INVENTIONS. »

43 OÙ EST LUFFY ?

Mais au fait, où est Luffy ? Il a évidemment bu la soupe empoisonnée sans se méfier, mais cela n'a fait que le plonger dans profond sommeil. Cela dit, il devient urgent qu'il se réveille… heureusement que vous avez l'antidote !

Vous avez trois gouttes du précieux antidote.
Il faut en donner une à Luffy toutes les demi-heures.

AU BOUT DE COMBIEN DE TEMPS SEREZ-VOUS À COURT D'ANTIDOTE ?

____

44 LE MANOIR

Luffy se réveille ! Mieux encore, Zoro parvient à le rejoindre ! Excellent, le capitaine et son second sont réunis. Maintenant, il faut encore retourner au manoir sauver les autres. Mais… euh… c'est par où, déjà ? Parmi ces panneaux, lequel est votre meilleure option ?

MANOIR DE K

MANOIR DES P

MANOIR DU B

MANOIR DE R

MANOIR DE LA C

45 VITE, VITE

Du côté de Nami, Usopp et leur hôte, les voilà cachés dans une pièce, tétanisés par la peur d'être découverts par Kuro. Quel est donc le mot dissimulé qui permettrait au trio de bouger pour se défendre ?

dddddddddddddcddddddddddddddddd
dddddddddddddddddddddoddddddddd
ddddddddddddddddddddddddddddddd
ddddddddddddddddddddddddddddddd
ddduddddddddddddddddddddddddddd
dddddddddddddrddddddddddddddddd
ddddddddddddddaddddddddddddddd
ddddddddddddddddddddddddddddddd
dddddddddddddddgddddddddddddddd
ddddddddddddddddddddddddddddddd
dddddddddddddddddddddddddddddded
dddddddddddddddddddddddddddddd

____

LE COIN DES FANS

QUEL ACTEUR INCARNE USOPP ?

____

DRACULE MIHAWK

Il n'y a pas que des pirates dans le monde de *One Piece*, il y a aussi des corsaires !

Si vous ne connaissez pas la différence, elle est pourtant importante : les premiers se battent pour eux-mêmes en toute illégalité, les seconds, pour le gouvernement avec une autorisation. Dracule Mihawk fait partie de cette deuxième catégorie puisqu'il affronte au cours de ses périples les ennemis du Gouvernement Mondial, par exemple, les pirates à chapeau de paille.

Peu bavard, Mihawk n'a de toute manière pas besoin de mots pour menacer ses opposants. Sa gigantesque épée, son aura inquiétante et ses yeux étrangement colorés - dont il tire le surnom d'Œil de faucon - suffisent comme présentation. Détenteur du titre du plus grand escrimeur au monde, même Zoro ne rivalise pas avec lui. Mihawk peut détruire un galion et son équipage d'un simple geste ; il ne semble pas trouver d'adversaire à sa taille.

Ce qu'il partage avec Zoro, en revanche, est un certain sens de l'honneur... et à vrai dire, il n'est peut-être pas aussi docile que le Gouvernement Mondial et les Marines aimeraient le croire. Animé par ses propres intérêts, Mihawk est, certes, un corsaire mais il est avant tout un guerrier solitaire qui trace sa route à coups d'épée...

46 À L'ATTAQUE !

Vous avez réussi à retrouver le chemin du manoir mais l'équipage du Chat Noir ne semble pas très content de vous voir : vous n'avez même pas le temps de réagir qu'il s'empresse de vous attaquer ! Retrouvez dans ce tableau 6 armes avec lesquelles il tente d'en finir avec vous.

T	D	Y	T	J	T	W	Z	J	G	W	Q	Z	S
D	Q	S	Z	S	Q	R	D	K	U	W	H	W	T
É	P	É	E	T	U	L	V	D	W	K	H	Y	C
A	Q	N	F	R	P	C	L	Z	L	K	V	E	Z
R	O	G	G	O	I	S	H	F	S	R	C	Z	K
K	R	S	S	M	S	O	B	Z	B	X	Y	A	D
A	Y	A	T	B	T	C	D	Y	I	K	G	Q	H
K	B	B	D	L	O	I	H	I	W	D	Z	U	R
M	H	R	O	O	L	G	B	H	G	N	L	E	B
R	L	E	C	N	E	B	G	R	I	F	F	E	S
I	D	Z	R	A	T	O	W	G	Q	E	K	E	L
A	X	X	R	W	E	N	B	D	V	P	R	O	H
B	K	P	W	S	U	R	H	X	L	S	A	C	T
P	O	I	G	N	A	R	D	F	Z	B	N	Y	Q

47 JEU DE CHATS

Ces pirates sont un peu étranges, il faut bien le dire... D'habitude, les chats sont plus mignons que ça ! D'ailleurs, connaissez-vous bien ces félins ? Répondez aux questions suivantes :

1. COMBIEN D'HEURES EN MOYENNE LE CHAT DORT-IL PAR JOUR ?

☐ 6 À 10 HEURES ☐ 11 À 14 HEURES ☐ 15 À 18 HEURES

2. QUELLE EST LA VITESSE DE COURSE MOYENNE D'UN CHAT ?

☐ 30 KM/H ☐ 35 KM/H ☐ 40 KM/H

3. COMBIEN UN CHAT (NON-PIRATE) A-T-IL DE GRIFFES ?

☐ 16 ☐ 18 ☐ 20

48 PUZZLE

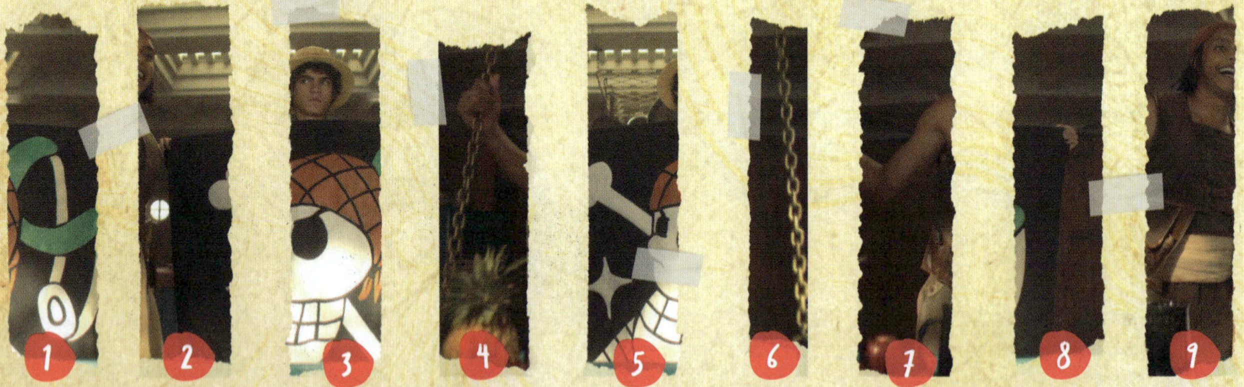

49 RÉCOMPENSES AU PLURIEL

Zoro et Luffy sont parvenus à vaincre ces maudits pirates ! Ces derniers cherchaient à gagner la confiance de Kaya pour qu'elle leur lègue sa source de fortune, un chantier naval. D'ailleurs, ils auraient bien voulu en acquérir plus... mais comment écrit-on cela au pluriel ?

Un chantier naval, des chantiers ________

Un petit canal, des petits ________

Un meuble bancal, des meubles ________

Un lointain fanal, des lointains ________

Un village tribal, des villages ________

50 Bateau sur l'eau

Pour vous remercier de l'avoir aidée, Kaya vous offre un navire… rien que ça ! Usopp et le reste de l'équipage sont fous de joie. Attention cependant, avant de partir en mer avec le Vogue Merry, il est nécessaire de connaître un peu le vocabulaire adéquat. Situez les mots suivants sur le schéma du bateau :

PROUE / GOUVERNAIL / GRAND MÂT / MÂT DE BEAUPRÉ / POUPE

1 ____________
2 ____________
3 ____________
4 ____________
5 ____________

52 À l'abordage !

Alerte ! Les Marines ont pris le Vogue Merry en chasse, tout le monde à son poste ! Quelques coups de canon devraient suffire à décourager Garp. Enfin, si vous arrivez à comprendre de quoi l'on parle. Reliez donc ces mots à leur définition :

GARGOUSSE	OUVERTURE DANS LE FLANC DU NAVIRE
BOUTEFEU	CHARGE DE POUDRE
AFFÛT	INSTRUMENT POUR POUSSER LE BOULET DANS LE CANON
BOULET	SUPPORT DU CANON
SABORD	PROJECTILE
REFOULOIR	BÂTON À MÈCHE

51 Hissez les voiles

Le navire est prêt à prendre le large. Il ne vous reste plus qu'à hisser les voiles, et pour cela, rien de tel qu'un petit tour du côté des cordages. Oh non, ça va encore être au moussaillon du bord de démêler tout ça ! Classez les cordes suivantes par ordre de taille croissante.

Le coin des fans

DANS LE GÉNÉRIQUE DE DÉBUT, QUELLE EST LA SPÉCIFICITÉ DE LA TÊTE DE MORT FAISANT RÉFÉRENCE AU PERSONNAGE DE NAMI ?

____

VICE-AMIRAL GARP

Le vice-amiral Garp est une légende - voire un héros - chez les Marines !

Après tout, n'est-ce pas lui qui se tenait aux côtés de Gold Roger lors de son exécution ? Celui qui a entendu ses tout derniers mots ? Il a écrit l'histoire ! Aujourd'hui, il continue de naviguer avec son équipage pour assurer l'ordre et la sécurité partout dans le monde.

Le fait qu'il soit le grand-père de Luffy, le pirate qui veut devenir roi, ne fait pas vraiment du bien à son image. Aussi, il préfère ne pas trop s'en vanter... Et bien qu'il désapprouve totalement le choix de vie de son petit-fils, qui aurait fait un excellent Marine, il a toujours de l'affection pour lui et le laisse même s'échapper.

Garp est d'un naturel joyeux et rieur, mais il sait aussi se montrer terriblement sérieux et sévère, particulièrement avec les menteurs. Avouant que la Marine n'est pas une organisation parfaite, il n'hésite pas à remettre en place les membres qui se seraient, disons, « égarés » (n'est-ce pas, Morgan ?).

Excellent combattant à la force surhumaine, il est également un bon instructeur qui sait déceler le potentiel dans ses recrues. D'ailleurs, il ne s'y trompe pas : il prend rapidement Kobby sous son aile et le met de pair avec Hermep. Car ils souhaitent devenir de vrais Marines, eux !

UN DÎNER AU BARATIE

53 REPOS MÉRITÉ

Les Marines ont abandonné la poursuite. Vous avez mérité un peu de repos ! Cela tombe bien puisque le Vogue Merry croise le chemin d'un restaurant flottant. Après vous y être amarrés, vous demandez le nom de cet endroit à un employé, qui vous répond :

« EH BIEN, JE DIRAIS, II... I... XVIII... I... XX... IX... V... »

ALORS ? QUEL EST LE NOM DE CE RESTAURANT ?

54 L'ADDITION, S'IL VOUS PLAÎT

Forcément, ce gourmand de Luffy ne peut pas résister à l'appel de la nourriture. Votre capitaine s'empresse d'engloutir tout ce qu'on lui apporte, à l'exception de... l'addition ! Allez, un peu de calcul mental :

Fine Quality Dining
Baratie
RESTAURANT

Soupe miso	23 berries
Riz au curry	58 berries
Takoyaki	21 berries
Rôti de poulet	42 berries
Germes de soja	31 berries
Maquereau	88 berries
Sauté de thon	99 berries
Flan × 2 (46,5)	...... berries
Tarte à la cerise	50 berries
Jus de citrouille	10 berries
Lamelles de pain	11 berries

Total: ____ berries

R
AN.
BIENTÔT.

55 REPÉRAGE

Pas de chance pour Luffy, Zeff n'est pas du genre à effacer les ardoises. Le patron du Baratie envoie donc votre capitaine à la plonge pour payer ses dettes ! Moussaillon, pendant que votre capitaine est au travail, vous feriez bien de reconnaître les lieux ! Pouvez-vous noter les 7 différences ?

LE COIN DES FANS

COMMENT ZEFF A-T-IL PERDU SA JAMBE ?

56 INGRÉDIENT MANQUANT

En traînant dans la cuisine, vous apercevez Sanji préparer un appétissant dessert. Il est visiblement ennuyé car il a oublié un ingrédient ! Heureusement, il a un moyen mnémotechnique pour s'en souvenir, qu'il faut réciter :

H3...
I4...
J5...

ALORS, QUEL EST L'INGRÉDIENT MANQUANT ?

57 ÉTRANGES USTENSILES

En tant que cuisinier, Sanji doit utiliser un grand nombre d'ustensiles. Curieux, vous vous amusez à les observer... mais sauriez-vous les nommer ?

Lettres à replacer :

C _ _ _ E _ _	TOUUA
_ A _ D _ _ _ _ N _	LMOEIN
_ _ N C _ _ _ _	AIUEP
B _ L _ _ _ _ _	CNEAA
_ _ U _ _ _	EMLO
_ H _ _ _ _ _ _ E _ R _	EETMTOMR

58 COMPLÈTEMENT TOQUÉ

Parmi les nombreuses carrières possible, vous embrassez pendant une demi-seconde celle de chef cuisinier. Placez les 7 pièces au bon endroit sur la grille en vous assurant que deux symboles différents ne se touchent pas d'un bloc à l'autre.

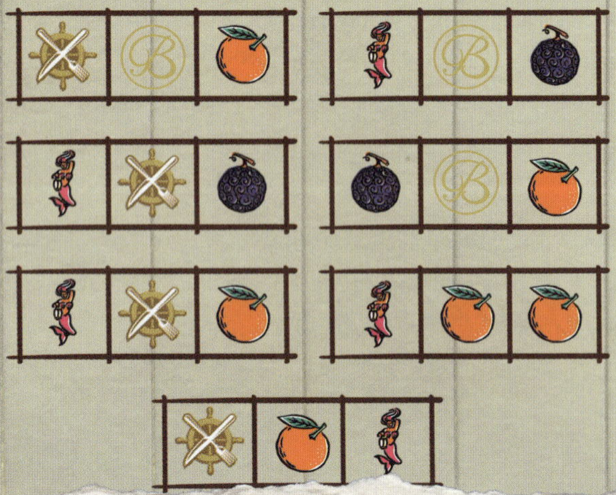

LE COIN DES FANS

QUI A DIT,
« ON ÉTAIT DÉSORGANISÉS, PAS PRÊTS, ON DEVRAIT ÊTR
AU FOND DE L'OCÉAN. » ?

COLONEL MORGAN

Le colonel Morgan, surnommé le Hacheur, n'est pas vraiment le genre d'homme que l'on a envie de fâcher.

Il faut dire que ce Marine en impose : grand et costaud, avec une mâchoire en acier, il tient son nom de son bras amputé qu'il a remplacé par une énorme hache. Ceci a le mérite de mettre les choses au clair : il est là pour trancher dans le vif. Craint et détesté par ses ennemis comme par ses officiers, il commande sa base d'une main de fer.

Il a une fâcheuse tendance à se croire supérieur à tous, étant - selon lui encore - quelqu'un d'influent à qui l'on doit respect et obéissance. Malheureusement, sans personne pour le remettre à sa place, il a inculqué à son fils, Hermep, la même arrogance. Ce dernier, habitué à se reposer sur l'aura de son père pour obtenir ce qu'il souhaite, est devenu assez lâche et paresseux.

Persuadé d'avoir capturé le pirate Kuro, Morgan aurait pu continuer longtemps ainsi... s'il n'avait pas d'abord croisé le chemin de Luffy, qui le terrasse, puis du vice-amiral Garp, qui prodigue le dernier coup de grâce.

59 LE CORSAIRE

Un client un peu particulier débarque au Baratie et il n'a pas l'air commode... C'est Dracule Mihawk ! Avant de faire quoique ce soit, il vaudrait mieux l'observer. Saurez-vous répondre à ces questions le concernant ?

1. De quel côté se trouve la plume sur le chapeau de Mihawk ?

2. Comment se nomme son sabre ?

3. De quelles couleurs sont les pierres précieuses sur ce même sabre ?

4. De quel groupe de corsaires fait-il partie ?

5. Où range-t-il sa deuxième arme ?

60 PERDU

Tout compte fait, vous feriez bien d'aller prévenir Zoro ! Vu la taille de l'épée du nouvel arrivant, un duelliste ne serait pas de trop. Cependant, retrouver son chemin se révèle un peu plus difficile que prévu...

61 MOT DE PASSE

Zoro est au courant de la situation ! Mais en revenant sur vos pas, vous découvrez que les employés du Baratie, inquiets, ont renforcé la sécurité. Résolvez cette énigme afin qu'ils vous laissent passer :

Plus j'ai de gardiens, moins je suis gardé.

Moins j'ai de gardiens, mieux je suis gardé.

Qui suis-je ?

Baratie

62 TECHNIQUE DE COMBAT

L'atmosphère devient pesante mais… attendez ! Il semblerait que Sanji ne soit pas un simple cuisinier ! Lorsqu'un pirate tente de semer la zizanie dans le restaurant, il le remet à sa place d'un coup de pied en s'exclamant : « Collier ! » Ses techniques de combat ont une particularité, alors laquelle ne risque pas d'en être une ?

CÔTELETTE

POITRINE

JOUE

CHAUSSURE

ÉPAULE

LE COIN DES FANS

COMBIEN DE JOURS SANJI ET ZEFF SONT-ILS RESTÉS COINCÉS SUR UN ROCHER ?

A. 70 JOURS
B. 72 JOURS
C. 85 JOURS
D. 86 JOURS

63 EN DUEL !

Zoro et Mihawk se battent en duel ! Hélas, malgré toute sa bonne volonté, Zoro perd et se retrouve grièvement blessé au niveau de la poitrine… Vite, il faut s'occuper de lui ! C'est l'occasion de réviser les gestes de premiers secours : seules 5 étapes sont bonnes, numérotez-les dans l'ordre croissant !

- ___ Toucher
- ___ Mettre en position demi-assise
- ___ Nettoyer
- ___ Compresser
- ___ Désinfecter
- ___ Allonger la personne sur le côté
- ___ Panser
- ___ Presser

64 TUER L'ENNUI

Il faut désormais veiller Zoro. Comme tous ses amis, vous comptez bien le faire ! Mais le temps est un peu long auprès d'un camarade inconscient. Voici de quoi vous occuper : une petite partie de sudoku.

7				8	1			
8		9	4					5
	2	5	9				4	8
6				1		7	2	
	9			6	4	5	8	
		7	3		9	4		
	1			4	3			7
		2	1				3	6
	5	8			7		1	

SANJI

Dans l'imaginaire stéréotypé, un cuisinier de navire est un personnage rondouillet, enfermé à fond de cale et qui réalise des plats peu ragoûtants en jurant continuellement…

Eh bien, ceci n'est pas du tout le portrait de Sanji, le cuisinier du Vogue Merry ! Ce jeune blond, mince et grand, est d'une élégance exemplaire. Toujours vêtu d'un costard-cravate, Sanji est un redoutable séducteur qui a bien du mal à refuser quoique ce soit à Nami.

De nature posée et réfléchie, il ne faut cependant pas le sous-estimer : quand sonnent les cloches du combat, oubliez les couteaux et les casseroles, Sanji ne se bat qu'à coups de pied aux noms de cuisine !

Sanji a longtemps été l'apprenti de Zeff, le patron du restaurant flottant Baratie, avec qui il entretient une relation père-fils assez conflictuelle. Malgré la sévérité de son mentor, ils veillent l'un sur l'autre, surtout après s'être échoués ensemble sur un rocher durant des semaines, à survivre de la faim. Zeff a quand même sacrifié sa jambe pour lui… Cet événement n'a fait qu'accroître l'importance que donne Sanji au fait de bien nourrir les autres : en sa présence, personne ne mourra de faim !

Son rêve est de trouver All Blue, un endroit magique où - selon la légende - sont regroupés tous les poissons du monde ; un vrai paradis pour les cuisiniers ! Avec cet objectif en tête, il est le cinquième membre de l'équipage du Chapeau de Paille. Entre la gourmandise de Luffy et sa rivalité avec Zoro, Sanji a de quoi bien s'occuper !

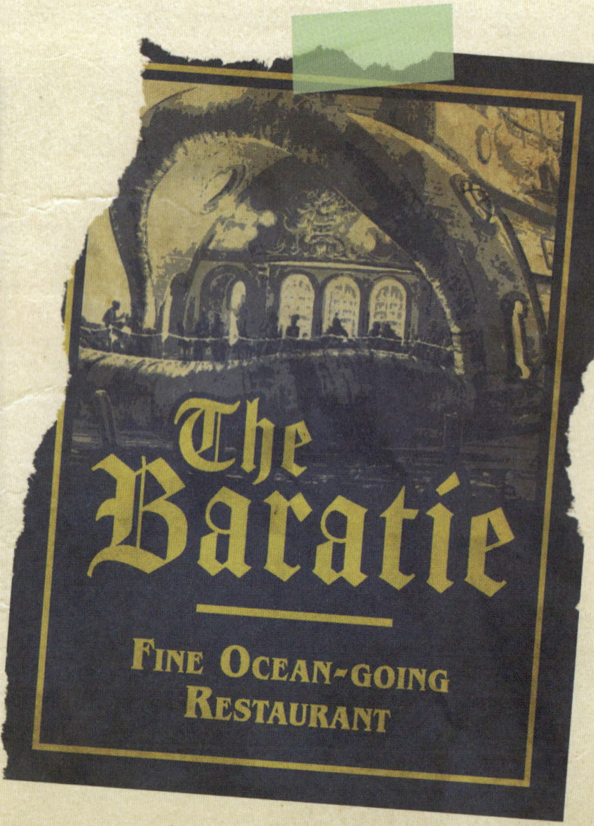

LE CHEF ET LE PLONGEUR

65 PETITE VISITE

Alors que vous veillez Zoro, Nami vient lui rendre visite. Pour tuer le temps, vous lui lisez un livre d'énigmes :

« Un jour, j'ai vu un homme traverser une rivière pour aller sauver ses amis. Pourtant, il ne s'est pas mouillé, n'a emprunté ni pont, ni guet et aucune embarcation !

Comment a-t-il fait ? »

66 FAIM VORACE

Vous laissez Nami seule avec Zoro et en profitez pour discuter un peu avec Sanji. Celui-ci vous raconte comment un jour, il s'est retrouvé en pleine mer sur un rocher avec un seul sac de nourriture ! Vous lui confiez qu'à sa place, pour éviter de penser à la faim, vous auriez essayé de résoudre des énigmes comme celle-ci :

COMBIEN CHAQUE IMAGE VAUT-ELLE EN JOURS ?

67 COURSES ALIMENTAIRES

Après toutes ces aventures, le frigo du restaurant est un peu vide. On vous confie une liste de courses, tout en vous prévenant qu'un employé a ajouté des demandes qu'il ne faut surtout pas honorer ! Heureusement, l'employé écrit mal, ses demandes sont donc celles avec une faute d'orthographe. Quelles sont les erreurs et combien de demandes sont du fait de cet employé ?

- Deux melons
- Trois confitures de pêche
- Dix bouteiles d'eau
- Cinq bœufs
- Un pot de pate à tartiner
- Cinq litres de sirop de framboise
- Quatre-vingts onze grammes de gelée de fruits

LE COIN DES FANS

QUI A DIT…
« GARE À TA LANGUE, MORVEUX ! TU VEUX QUE JE LA FASSE REVENIR DANS DU LARD ? »

68 À L'ÉCOUTE

Alerte, des pirates arrivent ! Décidément, on n'est jamais tranquille ici ! À vrai dire, ça en est même suspect. C'est comme si... on vous écoutait. Pourriez-vous retrouver, dans les pages de ce chapitre (concernant l'épisode 6), grâce à quoi vos ennemis parviennent à vous suivre et entendre vos conversations ?

70 DE SACRÉS COUPS

Luffy ne compte pas laisser Arlong ravager les lieux, il engage alors le combat ! Mais comme tout bon pirate, il doit deviner quel coup l'adversaire va donner. Retrouvez la véritable silhouette d'Arlong pour connaître sa posture.

69 L'ÉQUIPAGE D'ARLONG

Gloups... Ceux qui approchent ne sont autres qu'Arlong et ses forbans. Ce pirate est une légende par ici ! Il est fort comme plusieurs hommes et probablement tout aussi cruel. À peine a-t-il mis un pied au Baratie que vous entendez :

Ah, quel lieu ignoble !

Tout cela pour nourrir de pitoyables clients...

Tant qu'à faire, peut-être devrais-je les dévorer ?

Allons, je plaisante : vous auriez trop mauvais goût.

Quelle insulte ce serait pour mon palais !

Utilisez plutôt vos cervelles, si vous le pouvez,

Et vous verrez quelles intentions j'ai !

ON DIRAIT QUE CES PROPOS CACHENT DES INTENTIONS CODÉES... LESQUELLES ?

____

LE COIN DES FANS

QUELLE EST LA DATE DE SORTIE DU PREMIER ÉPISODE DE LA SÉRIE SUR NETFLIX ?

____

LES PIRATES

Les pirates n'obéissent à aucun gouvernement, leur navire allant bien où ils le souhaitent. Ils sont reconnaissables à leur pavillon noir, communément appelé Jolly Roger, qui signifie qu'ils suivent leurs propres règles.

Il existe autant d'idéologies qu'il y a de pirates. Certains ne sont que des pilleurs avides de trésors et de pouvoir, qui attaquent de pauvres innocents (comme Alvida, Baggy ou Arlong). D'autres sont plutôt paisibles, qui ne soucient peu, voire pas, d'amasser de l'or ou de lutter contre d'autres pirates (comme Shanks et Luffy). Les seuls points réunissant ces deux catégories sont l'aventure en mer et la quête de liberté !

Si le nombre de pirates augmente à l'arrivée du grand Gold Roger, il explose le jour de son exécution. Ses derniers mots ont insufflé un nouveau souffle à la piraterie, encourageant les rêveurs à trouver son butin si bien caché - le One Piece. Le simple fait de se déclarer pirate et de lever un Jolly Roger suffit à être arrêté par la Marine ; en revanche, cela ne veut pas forcément dire que le pirate possédera une prime.

Et vous, quel pirate seriez-vous ?
Rendez-vous à la page 52 de ce cahier pour le découvrir !

71 COMBAT SINGULIER

Luffy et Arlong combattent et les bras du premier volent dans tous les sens ! Ce n'est pas toujours facile de savoir quel coup va toucher son adversaire : tenez, lequel de ces coups atteindra Arlong ?

72 AVEU

Nami continue à vous cacher des choses :

MON PREMIER TIRE
LE LAIT DE LA VACHE,

MON DEUXIÈME EST
UN PRONOM COD
À LA DEUXIÈME PERSONNE,

MON TROISIÈME EST
UN POISSON AU CORPS
TRÈS APLATI,

MON QUATRIÈME EST
LE SON QU'ÉMET LE SERPENT,

MON TOUT DÉSIGNE NAMI.

____

73 DISPARUS

Arlong est parvenu à s'échapper… et Nami est parti avec lui ! Mais où diable sont-ils ? Ouf, vous trouvez un indice laissé derrière eux. Vite, que peut-il bien révéler ?

Aux Camarades
de l'équipage d'Arlong,

N'Oubliez pas qu'en cas de problème, vous devez vous regrouper. Si vous ignorez Cela, réfléchissez un peu ! Au cas Où, je laisse cette lettre. Elle devrait vous rappeler à quel endroit nous nous retrouverons.

74 CONFUSION

Miracle, Zoro s'est enfin réveillé ! On dirait qu'il veut dire quelque chose, mais son long sommeil l'a un peu chamboulé :

Je jure de rester à tes côtés, dès maintenant et jusqu'à la fin. Tu es mon capitaine, Luffy et je serai à jamais ton partenair

75 UN CUISINIER À BORD

Sanji rejoint l'équipage du Chapeau de Paille ! Formidable, vous avez un cuisinier à bord, ce qui est un indispensable. Cependant, il a oublié quelque chose durant son embarcation, un détail qui n'aura pas échappé à votre œil d'aigle, lequel ?

LE COIN DES FANS

ARLONG A UNE SPLENDIDE TENUE D'ÉTÉ… À UN DÉTAIL PRÈS. LEQUEL ?

76 TÊTE RÉDUITE

C'est Baggy, dont Luffy a récupéré la tête, qui vous guide jusqu'à la cachette d'Arlong. Mais comme il est bien bavard, on le laisse dans votre cabine. Super… vous tuez le temps en observant attentivement cette tête geignarde : trouvez les 7 différences entre la tête de Baggy et son avis de recherche !

NAMI

Nami est la talentueuse navigatrice du Vogue Merry.

La première fois que Luffy la rencontre, c'est une voleuse qui souhaite elle aussi mettre la main sur une carte de la Grand Line. Aussi charmante que têtue, Nami exprime d'abord quelques réticences à rejoindre l'équipage du Chapeau de Paille. Elle n'apprécie pas particulièrement les pirates. Mais elle change très rapidement d'avis… presque trop rapidement, diront certains.

Il faut dire que la jeune femme parle peu de son passé. Et pour cause, il n'est pas spécialement joyeux… Alors qu'elle et sa sœur Nojiko errent sur un champ de bataille, elles sont recueillies par Bell-mère, une ancienne soldate de la Marine. Malheureusement, cette dernière est tuée par des pirates sous leurs yeux. Pour libérer Nojiko et tout le reste du village Coco, Nami passe un pacte avec le terrible pirate Arlong : elle travaillera pour lui jusqu'à amasser 100 millions de berries. Désormais esclave de l'équipage d'Arlong, elle est enchaînée à une table et chargée de dessiner carte après carte afin de réaliser les desseins de son monstrueux capitaine.

Voulant respecter sa part de marché, Nami trahit Luffy et ses comparses. Mais ces derniers ne baissent pas les bras et après quelques péripéties, ils la délivrent de l'entrave d'Arlong. Touchée par un tel acte de confiance et l'amitié offerte, elle embarque définitivement à bord du Vogue Merry où elle met à profit ses talents de cartographe et navigatrice. Et heureusement, car la route jusqu'à la Grand Line risque d'être longue.

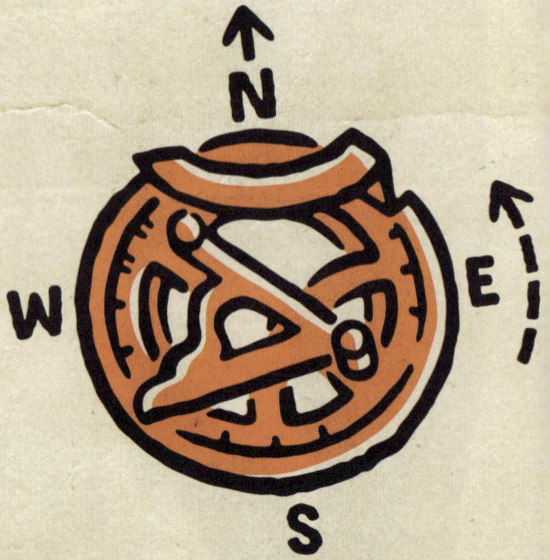

LA FILLE AU TATOUAGE DE POISSON-SCIE

77 NAUFRAGÉS

En route pour le village de Coco ! En se repliant, Arlong a laissé pillage et désolation sur son passage. Voyez tous ces naufragés à sauver, il faut faire vite : suivez les courants navigables pour porter secours à tous les pauvres innocents (représentés par le Jolly Roger) en ne changeant que trois fois de direction !

78 PAVILLON EN VUE

Est-ce bien le pavillon d'Arlong ? À partir de la description, retrouvez parmi les pavillons suivants celui que vous cherchez :

« Le pavillon d'Arlong comporte deux tibias croisés, surmontés d'un poisson-scie en rotation dans le sens inverse des aiguilles d'une montre. Il est entouré d'une arabesque semblable à des nageoires, qui se divise en deux sur le dessus et le rejoint en dessous. »

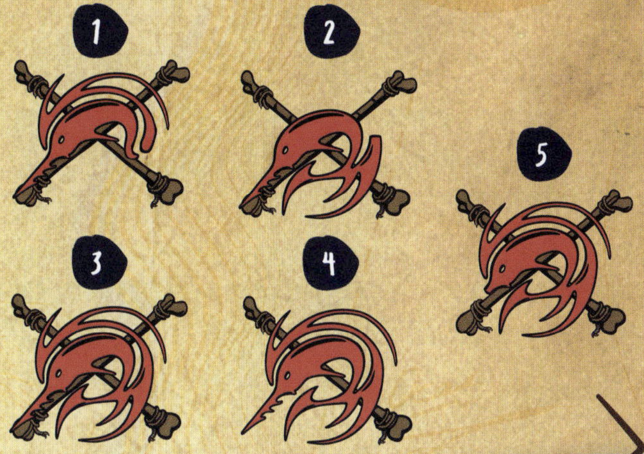

79 AMBIANCE MOROSE

En arrivant au village Coco, l'ambiance n'est pas à la fête. Arlong et ses pirates contrôlent tout le secteur. Une pierre atterrit cependant devant vous, avec un mystérieux message enroulé autour. Vous devriez peut-être rencontrer son auteur... mais qui est-ce ?

80 Petite visite

Alors que vous vous avancez dans le village, deux pirates vous surprennent. Vous prenant pour des villageois, ils vous proposent un petit jeu qui vous permettra de passer ou pas : l'un des chemins derrière eux mène à Arlong Park, l'autre vous permet d'aller au centre du village. L'un des pirates dit toujours la vérité, l'autre ment continuellement. Vous n'avez le droit qu'à une seule question. Laquelle devez-vous leur poser pour qu'ils vous indiquent le chemin vers le centre du village ?

____

____

81 Lance-pierre

Avec tous ces pirates en maraude, vous feriez bien de préparer vos armes. D'ailleurs, Usopp a besoin de la sienne. Mais attendez ! Parmi ces lance-pierres, lequel est le bon ?

82 Sabre briqué

Pas si vite, moussaillon ! Et les sabres, alors, vous croyez qu'ils vont se briquer tout seuls ? Replacez les mots suivants sur le modèle :

FIL • CONTRE-TRANCHANT • GARDE • POMMEAU • POINTE

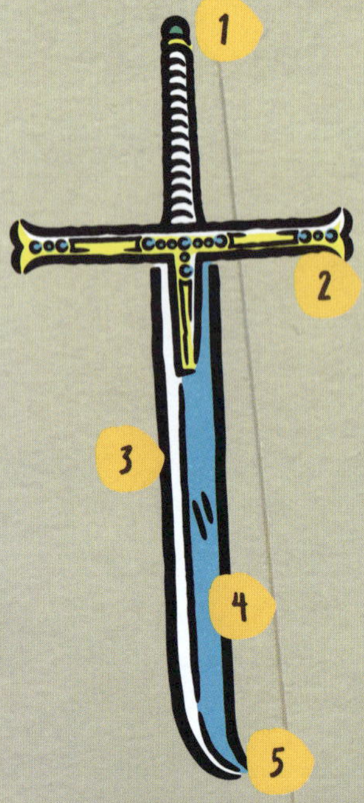

1 _______________

2 _______________

3 _______________

4 _______________

5 _______________

Le coin des fans

Quel accessoire Zoro a-t-il toujours à son bras gauche ?

____

LES MARINES

Dans un monde constitué à 90 % d'eau et où les pirates pullulent, il faut une force suffisante pour maintenir l'ordre : la Marine est cette force, présente sur toutes les mers.

Avec leurs uniformes d'un blanc éclatant, ces militaires au service du Gouvernement Mondial sont là pour protéger les civils des pillards et autres bandits. Bien équipés et bien entraînés, ils patrouillent le monde entier afin d'envoyer par le fond ou devant la justice tout ce qui porte un pavillon noir.

Pour la population, les Marines représentent protection, ordre et espoir, ce qui fait rêver beaucoup de jeunes, comme Kobby qui a toujours voulu les rejoindre. Cependant, ces militaires ne sont pas aussi parfaits qu'ils y paraissent : chacun a sa vision des choses et dans leurs rangs aussi se cachent des personnages brutaux, malhonnêtes ou fourbes, tel que le Colonel Morgan.

Les Marines sont prêts à tout pour arrêter les pirates, que ce soit d'en engager certains (les Capitaines Corsaires) pour les assister dans leurs actions ou de les poursuivre sans relâche. Le vice-amiral Garp en est le parfait exemple.

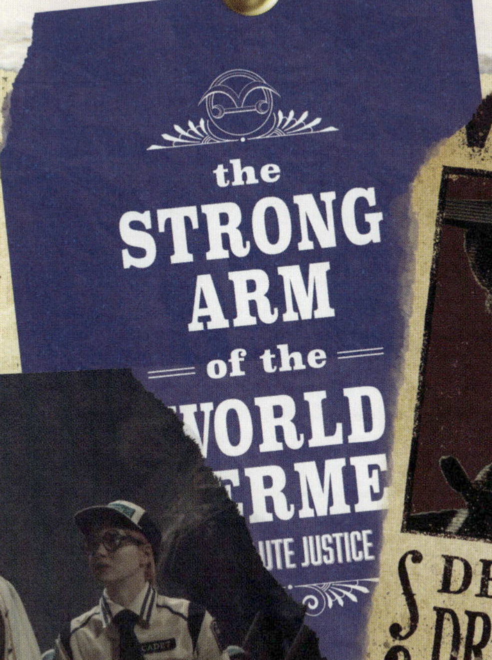

83 COMME AU BON VIEUX TEMPS

Pendant ce temps, le vice-général Garp rend visite à Zeff, qui est resté au Baratie. Tous deux se remémorent le bon vieux temps autour d'un verre. En parlant de vieux, trouvez dans ce texte tous les mots appartenant au champ lexical de la vieillesse :

Sur le bateau, un vieillard est assis au bar et observe le monde qui change. Ses rides sont témoins du déclin de l'ère de la piraterie, mais il garde encore espoir en la nouvelle génération. Chacune de ses réflexions est empreinte d'une grande maturité. Malgré son vécu et sa fatigue, sa sagesse brille comme un phare dans le crépuscule de l'oubli.

84 AU RAPPORT !

De retour à Coco. Vous mettez la main sur des rapports du capitaine Nezumi, que vous devez inspecter. Pour vérifier que vous ne laissez rien passer, on vous demande de les réécrire... au passé simple. Au travail !

Je suis certain d'avoir passé
la zone au peigne fin. Je n'ai vu
aucun pirate à proximité du village
Coco. J'assure la sécurité de la zone
et attends de nouveaux ordres.

85 À LA MAIN...

Au milieu de tous les documents, vous en trouvez un écrit d'une main maladroite... avec du sang ! Voilà qui est intéressant : remettez les mots emmêlés dans l'ordre pour comprendre ce qu'il se dit.

suvo uqi me seliz, ce nots
ems dirnèrees porales.
Le pitecanai nimezu set corumpor !
Il avatrille niam sand
la niam cave rolang !

86 À L'ÉCOUTE

Vous apprenez que Nami aurait amassé un véritable trésor pour racheter la liberté de son village. Mais où donc l'a-t-elle caché ? Vous avez un seul indice : le trésor se trouve dans un endroit qui manque d'air.

EST-CE...

- ☐ DANS UNE CAVERNE ?
- ☐ DANS UNE TOMBE ?
- ☐ SOUS UN PLANCHER ?
- ☐ DANS LA CALE D'UNE BRIGANTINE ?
- ☐ SOUS UN ROCHER ?

87 SACRÉ CACHETTE

Vous avez découvert la cachette du trésor de Nami. Seulement, l'argent se trouve dans une boîte que l'on ne peut ouvrir qu'avec un code ! Alors, à votre avis, quel est ce mot ?

E	O	V	R	T	R	V	U	E
E	R	T	U	E	T	R	E	O
R	E	U	R	R	V	E	E	E
O	V	T	T	O	E	T	T	R
R	V	U	E	R	O	V	R	U
U	R	O	U	O	E	R	O	E
T	O	R	T	R	U	V	T	V
V	V	O	E	U	R	V	U	R
V	E	O	U	E	O	O	R	O

LE COIN DES FANS

QUELLE ACTRICE INCARNE NAMI ? ____________

88 QUEL TRÉSOR !

À combien s'élève le trésor accumulé par Nami ? Eh bien... comptez-le !

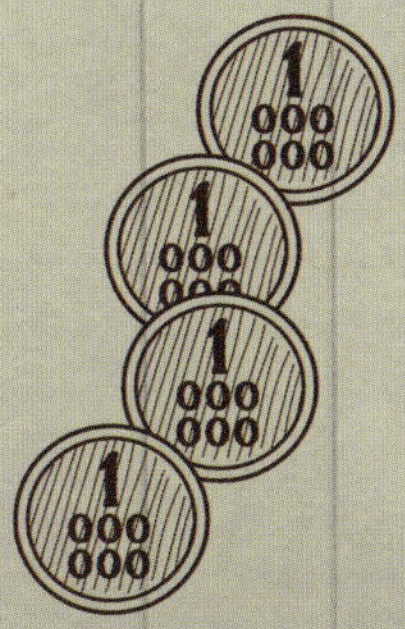

____ × 1 000 000 berries

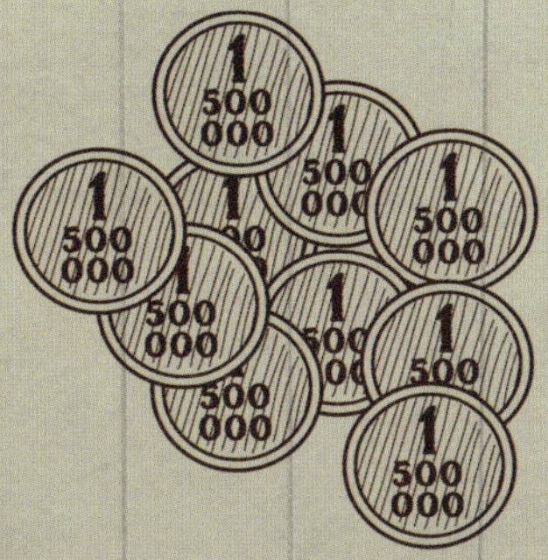

____ × 1 500 000 berries

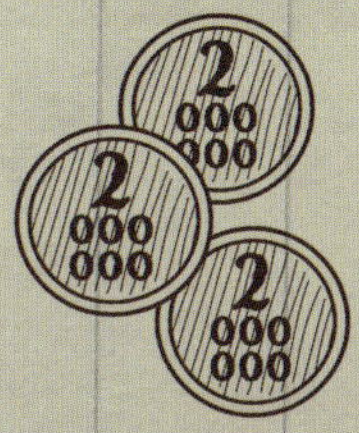

____ × 2 000 000 berries

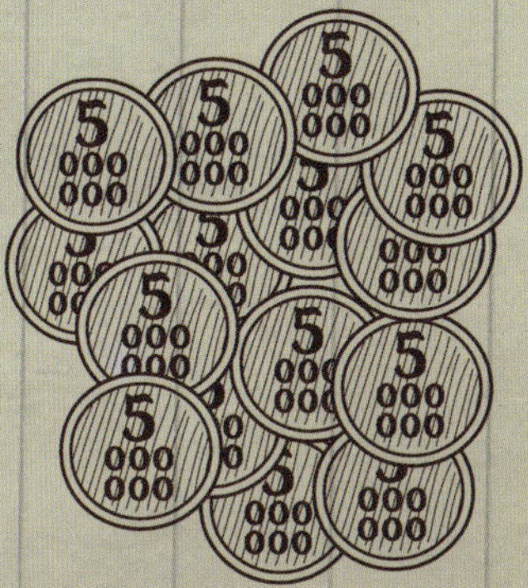

____ × 5 000 000 berries

Total : ____________ berries

ARLONG

Le terrifiant Arlong est l'un des plus grands pirates d'East Blue.

Son apparence ne trompe pas : Arlong n'est pas un humain mais un homme-poisson. Avec son long nez pointu et aiguisé et sa nageoire dorsale, sa silhouette unique est difficile à rater. À tel point, qu'il a fait du requin-scie l'emblème de son l'équipage. Il possède une force redoutable et, contrairement à Luffy, ne craint pas l'eau.

Très ambitieux, Arlong rêve de bâtir un empire où les humains, qu'il hait profondément, seraient remis à leur place et à sa botte ! C'est d'ailleurs pour cela qu'il prend le contrôle du village Coco, n'hésitant pas à tuer tous ceux qui se mettent sur son passage ou ceux qui manqueraient de payer un impôt. Ainsi, il tue Bell-mère, la mère adoptive de Nami, réduit en esclavage cette dernière et pactise avec l'ennemi, le colonel Nezumi.

Son repaire de pirate est baptisé Arlong Park. Mais contrairement à ce que son nom pourrait laisser entendre, on ne s'y amuse pas beaucoup… sauf si, bien sûr, on est l'un des membres de son équipage. C'est là qu'Arlong prépare ses plans de conquête et étudie les cartes réalisées par Nami. Malheureusement pour lui, Arlong Park est détruit par Luffy et ses amis.

LE PLUS GRAND BANDIT D'EAST BLUE

89 AU REPAIRE !

Le sort de Nami, de sa sœur et du village Coco a de quoi énerver Luffy ! Il est grand temps d'aller rendre une petite visite à Arlong Park, le repaire du pirate ! Mais comment y entrer ? Il y a forcément une façon pour que les gardes ouvrent en toute confiance... Sur la porte d'Arlong Park, vous voyez des trous bien alignés.

•••— •• •••— •

•— •—•• •—•• ——— —• ——•

EST-CE UNE RÈGLE À APPLIQUER ?

90 GONG DE LA CLOCHE

Vous êtes parvenus à entrer mais Luffy n'a plus la patience d'attendre : il veut de l'action. Attirez Arlong jusqu'à vous en actionnant la cloche selon le code correspondant. Sur quelles cordes faut-il tirer et dans quel ordre ?

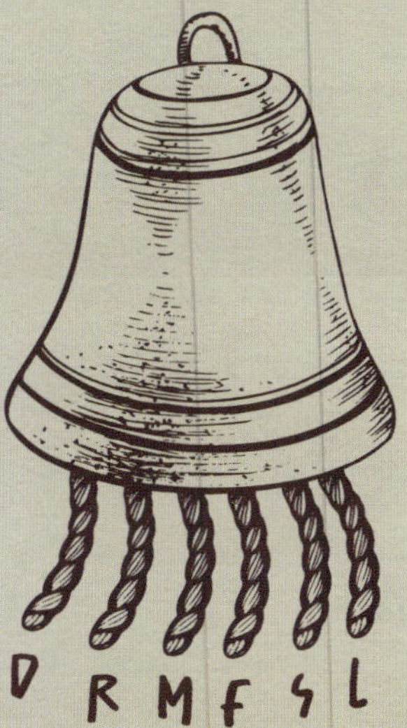

Appeler Arlong :

Donner l'alerte :

Lancer la fête :

91 DERNIER COMBAT

Le combat entre votre équipage et celui d'Arlong est engagé ! Plusieurs pirates se ruent sur vous mais un seul s'apprête à vous porter un coup. Lequel, demandez-vous ? Celui qui n'est qu'en un exemplaire. Essayez de l'identifier en trente secondes... sinon vous risquez de recevoir un sacré coup.

92 GUM GUM

Luffy s'apprête à donner le coup de grâce contre Arlong ! Attention, c'est du lourd ! Pour se préparer, il a étiré sa jambe - d'habitude d'un mètre - de 1 000 %. Mais comme c'était un peu long, il l'a réduite de 50 %. Trop court... Il a donc rallongé sa jambe de 120 %. Puis, il en a eu assez et l'a étendue de 100 %, l'envoyée bien haut et l'a fait retomber sur son ennemi.

COMBIEN DE MÈTRES FAISAIT LA JAMBE DE LUFFY À LA FIN ?

____

____

LE COIN DES FANS

QUEL EST LE NOM DE L'ACTEUR QUI INCARNE LUFFY ?

____

93 ADVERSAIRE SURPRISE

Luffy a vaincu Arlong. Cependant, quand tout semble gagné, un nouvel adversaire arrive : le vice-amiral Garp ! Lui aussi compte affronter son petit-fils... Soyez aussi vif que votre capitaine : trouvez rapidement laquelle de ces techniques n'appartient pas à Luffy.

- ☐ GOMU GOMU NO PISTOL
- ☐ GOMU GOMU NO GATLING
- ☐ GOMU GOMU NO KATANA
- ☐ GOMU GOMU NO BAZOOKA

94 PUZZLE

LE BARATIE

Le Baratie est un bateau-restaurant : sa forme peu commune permet d'accueillir des clients - civils comme pirates et Marines - en pleine mer et de les restaurer comme il se doit. À condition, bien sûr, qu'ils puissent régler la note… Sinon, ils se retrouveront à devoir travailler comme garçon de corvée pour payer leur dette, comme Luffy.

Le Baratie est fondé et dirigé par Zeff, un ancien pirate ayant abandonné sa vie d'aventurier pour se consacrer à sa passion, la cuisine. Son second n'est autre que Sanji, et si tous les deux se chamaillent souvent quant à la préparation des plats, un lien unique les unit.

Le sympathique accueil du Baratie ne fait cependant pas de lui un restaurant sans défense : gare à qui voudrait l'attaquer ! C'est que, quand on sert des pirates, on sait qu'ils ne sont pas toujours les plus calmes et honnêtes clients qui soient…

Toutefois, lorsque Luffy reçoit sa première prime du Gouvernement Mondial, Zeff affiche son avis de recherche dans le restaurant avec fierté : ce n'est pas tous les jours que l'on a un employé et client mondialement recherché !

KITCHEN CREW

QUIZ

QUEL PIRATE ÊTES-VOUS ?

Vous approchez de la fin de cette aventure ! Ce voyage et ses péripéties vous ont certainement révélé à quel membre d'équipage vous ressemblez le plus. Répondez aux questions suivantes pour le découvrir.

1. Le matin, vous préférez vous habiller de manière...

〰 S'HABILLER ? VOUS ÊTES SÛRS QUE JE SUIS OBLIGÉ ?
☐ PRATIQUE
✱ ÉLÉGANTE
X VOUS N'ÊTES JAMAIS EN PYJAMA, D'AILLEURS, VOUS NE DORMEZ PAS
◎ SÉDUISANTE

2. Votre petit déjeuner est...

✱ PRÉPARÉ AVEC SOIN
X APPORTÉ PAR UNE ARMÉE DE VALETS
〰 UNE BONNE RAISON DE VOUS LEVER
◎ VOLÉ EN PASSANT SUR LE CHEMIN
☐ VITE AVALÉ

3. C'est le moment de prendre le large !

◎ FORMIDABLE, MAIS IL FAUDRAIT DÉJÀ SAVOIR OÙ VOUS ALLEZ, NON ?
☐ VOUS ÊTES SUR LA RÉSERVE ET ATTENTIF
✱ VOUS ARRIVEZ AVEC DES PROVISIONS
X BOF, VOUS AVEZ DÉJÀ VOYAGÉ DES MILLIERS DE FOIS
〰 VOUS NE TENEZ PLUS EN PLACE

4. Vous apercevez au loin un navire de Marines...

☐ VOUS JAUGEZ LEURS INTENTIONS
✱ AU LOIN ? IL Y A DES GENS QUI NE FLÂNENT PAS SUR LE PONT
〰 ENFIN UN PEU D'ACTION
X VOUS EN AVEZ DÉJÀ COULÉ CENT, ALORS UN DE PLUS OU DE MOINS
◎ C'EST UN SIGNE QU'IL Y A UNE BASE NON LOIN... INTÉRESSANT

5. Des pirates foncent sur vous, que faites-vous ?

〰 YOUPI, UNE BAGARRE !

◎ ESPÉRONS QUE LEUR CALE EST PLEINE, ÇA SERAIT DOMMAGE DE SE BATTRE POUR RIEN

✱ VOUS LES ATTENDEZ, RELAX

X EUH... ET SI ON CHANGEAIT DE DIRECTION ?

☐ ILS VONT VOIR DE QUEL BOIS VOUS VOUS CHAUFFEZ

6. Vous avez triomphé de vos ennemis !

◎ QU'ONT-ILS DANS LEURS POCHES ?

X VOUS AVEZ TOUT FAIT SEUL

☐ VOYONS VOIR SI CERTAINS AVAIENT DES PRIMES

✱ EH ! VOUS ÉTIEZ PAS MAL, NON ?

〰 C'EST LA FÊTE !

7. Le Vogue Merry fait escale dans un village.

〰 SUPER, VOUS POURREZ RENCONTRER DU MONDE

☐ OH NON, IL VA FALLOIR PARLER À PLEIN DE GENS

✱ OÙ EST L'ÉPICERIE ?

X ENFIN DE NOUVELLES OREILLES POUR ÉCOUTER VOS EXPLOITS

◎ SANS VOUS, ON N'AURAIT JAMAIS TROUVÉ CE VILLAGE

8. La nuit tombe...

X VOUS NE RONFLEZ PAS, NON MAIS !

✱ VOUS PRÉPAREZ DU MATÉRIEL POUR DEMAIN MATIN

〰 VOUS RONFLEZ DÉJÀ

◎ VOUS VOUS DÉROBEZ FACILEMENT À LA VUE DES GENS

☐ LA TAVERNE EST ENCORE OUVERTE ?

9. Vous rêvez de...

☐ SUCCÈS

◎ FAIRE FORTUNE

X CE NE SONT PAS DES RÊVES : C'EST MA VIE !

〰 LIBERTÉ

✱ NOURRITURE

QUIZ

QUEL PIRATE ÊTES-VOUS ?

Si vous avez une majorité de 〰

Vous êtes proche de Luffy ! Dormir, manger et coller une rouste – avec le sourire – aux pirates qui cherchent des noises à vous ou à vos proches... c'est votre quotidien. Vous rêvez de liberté, d'aventure et surtout, d'amitié !

Si vous avez une majorité de □

Vous êtes proche de Zoro ! Vous n'êtes pas là pour vous amuser : vous avez un but, et pour l'atteindre, pas de temps à perdre. Vous parlez peu (vous préférez écouter) mais quand vous le faites, ce n'est pas pour rien.

Si vous avez une majorité de ✱

Vous êtes proche de Sanji ! Vous êtes toujours là pour soutenir vos amis, avec un bon petit plat qui maintient le moral. Affairé (avec classe et détente) dans la cuisine, sans vous, l'ambiance serait bien différente.

Si vous avez une majorité de X

Vous êtes proche d'Usopp ! Vous ne mentiriez pas de temps à autre, par hasard ? Non, on dit ça comme ça... Heureusement, votre gentillesse, votre sociabilité et votre ingéniosité vous honorent.

Si vous avez une majorité de ◎

Vous êtes proche de Nami ! L'équipage a suffisamment de têtes en l'air pour qu'une personne ait la sienne sur les épaules : vous êtes doué pour guider les autres. Et puis, pourquoi devenir pirate si vous ne pouvez pas vous enrichir un peu au passage ?

VOGUE MERRY

VOGUE MERRY

Bienvenue à bord du Vogue Merry ! Que serait l'équipage du Chapeau de Paille sans son très cher navire ?

Certes, cette caravelle à la proue en forme de tête de bouc n'est pas le plus grand bateau qui soit… mais elle est fiable, solide, et surtout, Luffy n'a pas eu à la payer. C'est Kaya, l'amie d'Usopp, qui le lui a offert en guise de remerciements pour l'avoir sauvée des pirates du Chat Noir. Le Vogue Merry est alors nommé en hommage à l'avocat à la coiffure de bouc de Kaya, disparu durant la bataille.

Le navire ne dispose que d'un mât et d'une grand-voile, ce qui limite sa vitesse. Cependant, il peut affronter les hautes mers et se faufiler partout où Luffy et ses amis le souhaitent grâce à sa petite taille. Il possède bien quatre canons à bord mais ils sont peu utilisés, l'équipage ne brillant pas par ses talents de canonnier… Heureusement, les amis ont d'autres ressources pour affronter leurs ennemis (que ce soient leurs poings, pieds, sabres, bâtons ou lance-pierre) ! L'équipage offre à Nami trois mandariniers qu'il dépose à l'arrière du bateau pour qu'elle puisse emmener un peu de chez elle avec eux ; Sanji propose même d'utiliser quelques fruits pour réaliser des tartes.

Avec son côté mignon et son sympathique Jolly Roger, le Vogue Merry ne jette pas l'effroi dans le cœur de ses ennemis lorsqu'il apparaît à l'horizon… Mais qui a dit que Luffy souhaite faire peur ? Le Vogue Merry symbolise les rêves et l'espoir, avant tout !

GOING MERRY

À L'AUBE D'UNE GRANDE AVENTURE (P. 7 À 11)

1. CORVÉE DE NETTOYAGE

Il y a 18 masses.

2. CONFUSION MARINE

X	D	M	D	B	Z	X	P	R	O	U	E	M	P
M	F	O	B	A	R	R	E	A	Z	G	T	O	A
A	K	C	X	M	I	L	H	M	P	X	R	U	B
R	F	O	G	Z	C	F	B	M	A	V	I	S	O
I	F	R	T	O	U	R	U	S	V	I	B	S	R
N	M	S	O	L	U	A	P	Z	I	G	O	A	D
E	J	A	A	W	U	V	Z	V	L	I	R	I	A
A	P	I	W	L	P	M	E	M	L	E	D	L	G
Z	U	R	G	E	F	O	Q	R	O	S	N	L	E
C	Y	E	T	R	Q	D	U	J	N	C	W	O	P
B	A	B	O	R	D	Q	J	P	G	A	C	N	B
A	M	A	R	R	E	R	I	E	E	L	I	I	Y
V	O	I	L	U	R	E	L	L	G	E	V	L	O
H	I	H	B	Q	I	S	A	B	O	R	D	E	R

3. SIGNAUX MYSTÉRIEUX

ATTENTION IL Y A UN PIRATE CACHÉ DANS UN DE VOS TONNEAUX.

LE COIN DES FANS

Shanks.

4. PASSER L'ENNUI

6	1	5	3	2	4	8	7	9
8	9	4	5	7	1	2	3	6
2	7	3	8	6	9	4	1	5
1	6	9	4	5	8	7	2	3
7	4	8	2	3	6	5	9	1
3	5	2	1	9	7	6	4	8
4	2	1	9	8	5	3	6	7
9	8	7	6	4	3	1	5	2
5	3	6	7	1	2	9	8	4

5. GARDE AU PIÈGE

6. TRAÎTRE À BORD !

Si l'on relève les mots où il y a une faute, on obtient :
Enfin nous y voilà ! Nous sommes arrivés à destination ! Deux jours de repos seront les bienvenus. Après ce voyage, nul doute qu'ils nous feront du bien.
Il faut dire que j'ai les jambes en compote à force de marcher de long en large sur ce maudit pont. Je suis impatient d'aller me promener sur le port où tous les navires sont amarrés !
N'hésitez pas à me donner de vos nouvelles.
Soit « Nous sommes à deux jours du port ».
Un traître transmet bien la position du navire !

LE COIN DES FANS

Le chien.

7. PASSAGER CLANDESTIN !

Les lettres de chaque tonneau défilent comme suit : l'une descend l'alphabet (A, B, C, D) et l'autre le remonte (R, Q, P, O). Le tonneau suivant est donc EN !

8. CALCUL ÉLASTIQUE

Inutile de se casser la tête ! Ce n'est d'ailleurs pas le genre de Luffy... imaginez qu'il y ait deux triangles comme celui-ci, ils formeraient donc un rectangle de 6m sur 3m. Soit 3x6 : une surface de $18m^2$. Si on n'en prend que la moitié, pour n'obtenir que l'équivalent de notre triangle... on obtient $9m^2$!

9. Avant de s'enfuir
Une boussole.

Le coin des fans
Le capitaine Alvida, bien sûr !

10. Infiltration
Souterrain ! C'est l'endroit idéal pour s'infiltrer !

11. Code secret
Nous savons que ce n'est pas 1 - 2 - 3.
En prenant la ligne 6 - 1 - 3, nous savons que 6 est le bon chiffre.
En prenant la ligne 7 - 4 - 6, nous savons que 6 arrive à la fin, et que 7 et 4 sont mauvais.
En prenant la ligne 2 - 8 - 7, nous savons que ce n'est ni 2, ni 7, donc le code finit par 8 - 6.
La ligne 1 - 9 - 3 nous indique que 9 est bon, puisque ce n'est ni 1, ni 3. La seule place où le mettre est avant 8 - 6.
Donc le code est 986.

12. Combat de haches
C'est la 8, qui a une rayure en plus.

Le coin des fans
Mackenyu Arata.

L'homme au chapeau de paille (pages 13 à 17)

13. En route !
1. Barque (6 à 7 mètres de long)
2. Runabout (de 5 à 12 mètres de long)
3. Vedette (de 7 à 14 mètres de long)
4. Trois-mâts (de 40 à 50 mètres de long)
5. Paquebot (de 60 à 360 mètres de long).

14. Village désolé
Le code César est un système de cryptographie où il faut décaler toutes les lettres de 3 rangs vers l'arrière dans l'alphabet. Nous obtenons ainsi :
« ATTENTION À BAGGY LE CLOWN ! »

15. Physionomie
Gauche / En se l'étant faite lui-même.

Le coin des fans
Morgan le Hacheur.

16. Fragmenté

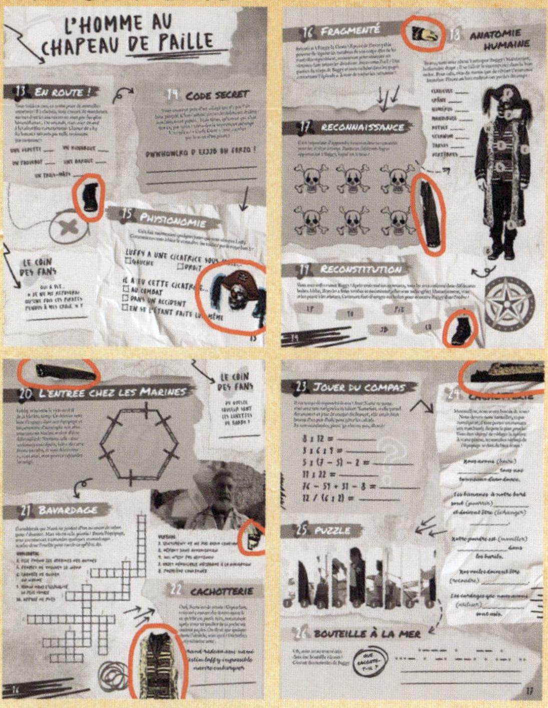

17. Reconnaissance
Le 3.

18. Anatomie humaine
A. Rotule ; B. Tarses ; C. Humérus ; D. Mandibule ; E. Sternum ; F. Crâne ; G. Vertèbres ; H. Clavicule.

19. Reconstitution
Les étiquettes désignent des parties du corps (Tête, Cou, Épaules, Torse, Jambes, Pieds) soit l'ordre : Tê, Co, Ep, To, Jb, Pie.

20. L'entrée chez les Marines
Garp a bien parlé d'un cube, pas d'un carré, et il n'a pas précisé d'où venaient les trois épées supplémentaires.
Il suffit donc de les ajouter comme ceci :

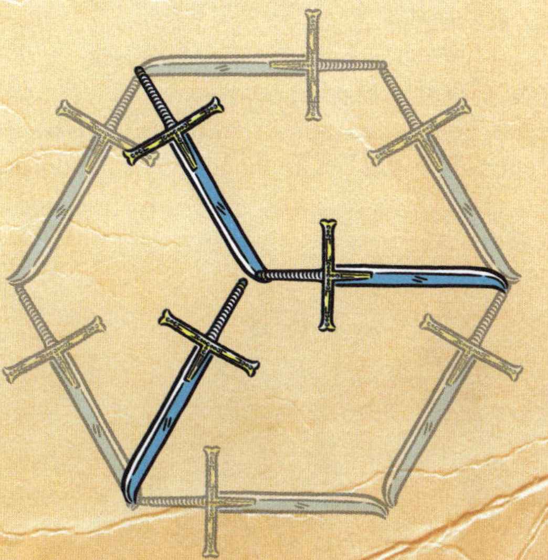

21. Bavardage

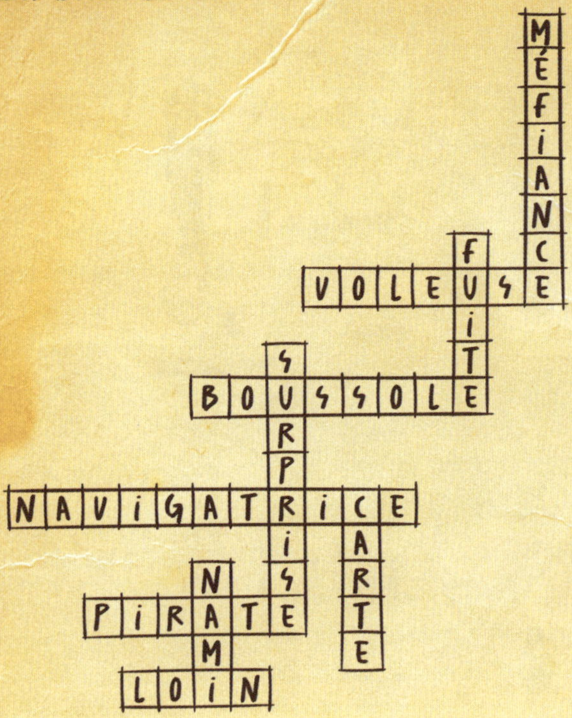

22. Cachotterie

Il suffit de lire la première lettre de chaque mot pour obtenir « grand line » ; ce à quoi mène la carte qui intéresse tant Nami…

Le coin des fans

Les lunettes de Kobby sont violettes/mauves.

23. Jouer du compas

$8 \times 12 = 96$

$5 \times (7 - 5) - 2 = 8$

$76 - 59 + 31 - 8 = 40$

$3 \times 6 \times 9 = 162$

$11 \times 22 = 242$

$12 / (6 \times 2) = 1$

24. Chez le marchand

Nous avons (boire) **bu** tous nos tonneaux d'eau douce.
Les bananes à notre bord sont (pourrir) **pourries** et doivent être (échanger) **échangées**.
Notre poudre est (mouiller) **mouillée** dans les barils.
Nos voiles doivent être (recoudre) **recousues**.
Les cordages que nous avons (utiliser) **utilisés** sont usés.
La plupart d'entre nous **ont besoin** de nouveaux pantalons.

25. Puzzle

26. Bouteille à la mer

Baggy s'exprime en code morse : « Je me vengerai »

Pas d'histoires (p. 19 à 23)

27. Bienvenue au village Sirop !

Il y a 7 Jolly Roger cachés.

28. Suspects…

E	R	C	S	P	T	B	A	I
P	A	T	R	**I**	B	S	C	E
B	S	I	E	A	C	**R**	T	P
T	B	P	C	S	E	I	R	A
S	E	A	T	R	I	P	B	C
C	I	R	P	B	**A**	T	E	S
A	T	S	B	C	P	**E**	I	R
R	C	B	I	E	S	A	P	T
I	P	E	A	**T**	R	C	S	B

Des pirates… encore ! Attention : à force de crier au pirate, plus personne ne va y croire.

29. Un peu de repos

Senchou : Capitaine ; Kurohige : Barbe noire ; Konpasu : Boussole ; Norikumiin : Équipage ; Unabara : Océans, mers ; Kaizokuen : Bateau pirate.

Le coin des fans

Baggy glisse 4 couteaux entre ses doigts.

30. L'antidote

La soupe contient 50 g de rouge, 10 g de bleu, 40 g de blanc.
L'antidote contient 40 g de rouge, 10 g de bleu et 50 g de blanc.

31. Un vrai labyrinthe

32. Allô ?

Le bon escargophone est le numéro 5.

Le coin des fans

Klahadore.

33. Le mot de passe

La réponse est quatre, soit le nombre de lettres dans le chiffre que Nami donne (neuf).

34. Un papier sous la porte

Il faut lire une ligne sur deux pour obtenir :
Cher matelot, / Tourne à gauche, / Tourne à droite, / Puis va tout droit, / Et tu arriveras au passage qui mène jusqu'à moi !

35. Attention aux griffes !

Il y a 32 cercles !

Le coin des fans

Zoro.

36. Superstition

C'est le lapin ; rien que prononcer ce mot à bord d'un navire porte malheur !

37. Amie perdue...

Elle s'appelait Shimotsuki Kuina.

38. Alerte, alerte !

Les pirates (Attaquer / Passé composé) **ont attaqué** la villa de Kaya ! Nous (Manger / plus-que-parfait) **avions mangé**, sans nous méfier du personnel de la maison mais, au milieu de la nuit, ils (révéler / Passé simple) **révélèrent** leurs véritables couleurs ! (Vaincre / Impératif présent) **Vainquons** les pirates ensemble pour libérer l'île !

39. Puzzle

Pirates droit devant ! (p. 25 à 29)

40. Le puits

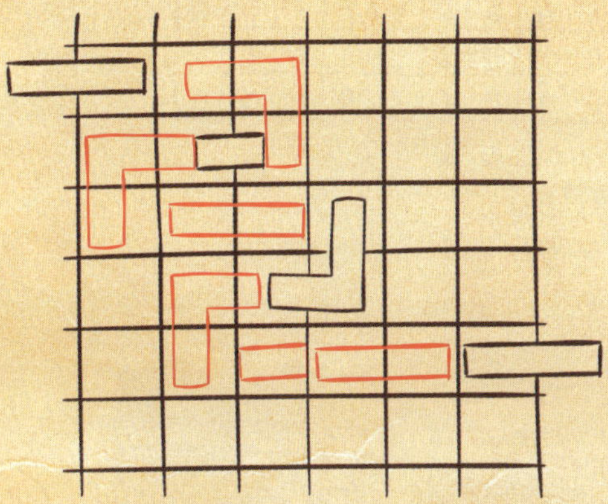

41. À l'aide

ML = 1050 XCIX = 99 XV = 15 LV = 55

42. Quel baratineur

« Ne vous gênez pas à ainsi piétiner le gazon ! » : Antiphrase ;
« La maison ne craint aucun pirate. » : Personnification ;
« Usopp ment parfois un tout, tout petit peu, il est vrai. » : Euphémisme ;
« J'ai mal pour ce pauvre garçon. J'ai mal pour les gens qu'il ennuie de ses mensonges. » : Parallélisme ;
« Ce pauvre Usopp vous a mené dans la brillante obscurité de ses inventions. » : Oxymore.

43. Où est Luffy ?

Une heure. La première goutte est donnée à 0 minute, la deuxième à 30 minutes, la troisième au bout d'une heure.

44. Le Manoir

Il suffit de se souvenir de votre hôtesse, enfin : Mademoiselle Kaya ! Il y a donc toutes les chances que « Manoir de K... » soit la bonne direction !

45. Vite, vite

Le mot dissimulé est « courage ».

Le coin des fans

Jacob Gibson.

46. À l'attaque !

T	D	Y	T	J	T	W	Z	J	G	W	Q	Z	S
D	Q	S	Z	S	Q	R	D	K	U	W	H	W	T
É	P	É	E	T	U	L	V	D	W	K	H	Y	C
A	Q	N	F	R	P	C	L	Z	L	K	V	E	Z
R	O	G	G	O	i	S	H	F	S	R	C	Z	K
K	R	S	S	M	S	O	B	Z	B	X	Y	A	D
A	Y	A	T	B	T	C	D	Y	i	K	G	Q	H
K	B	B	D	L	O	i	H	i	W	D	Z	U	R
M	H	R	O	O	L	G	B	H	G	N	L	E	B
R	L	E	C	N	E	B	G	R	i	F	F	E	S
i	D	Z	R	A	T	O	W	G	Q	E	K	E	L
A	X	X	R	W	E	N	B	D	V	P	R	O	H
B	K	P	W	S	U	R	H	X	L	S	A	C	T
P	O	i	G	N	A	R	D	F	Z	B	N	Y	Q

47. Jeu de chats

1. 15 à 18 heures ; **2.** 40 km/h ; **3.** 18.

48. Puzzle

49. Récompenses au pluriel

Un chantier naval, des chantiers **navals**.
Un petit canal, des petits **canaux**.
Un meuble bancal, des meubles **bancals**.
Un lointain fanal, des lointains **fanaux**.
Un village tribal, des villages **tribaux**.

50. Bateau sur l'eau

1. Proue ; **2.** Mât de beaupré ; **3.** Poupe ; **4.** Grand mât ; **5.** Gourvenail.

51. Hissez les voiles

B - E - C - F - A - D

52. À l'abordage !

Sabord : ouverture dans le flanc du navire ; **Gargousse :** charge de poudre ; **Refouloir :** instrument pour pousser le boulet dans le canon ; **Affût :** support du canon ; **Boulet :** projectile ; **Boutefeu :** bâton à mèche.

Le coin des fans

La tête de mort fait un clin d'œil et tire la langue.

Un dîner au Baratie (p. 31 à 35)

53. Repos mérité

Ces chiffres romains correspondent au numéro d'une lettre dans l'alphabet : A = 1, B = 2... on obtient donc « BARATIE ».

54. L'addition, s'il vous plaît

526 berries.

55. Repérage

Le coin des fans

Il l'a mangée !

56. Ingrédient manquant

La suite logique est K6 : Sanji a besoin de cassis.

57. Étranges ustensiles

Couteau ; Mandoline ; Pinceau ; Balance ; Moule ; Thermomètre.

58. Complètement toqué

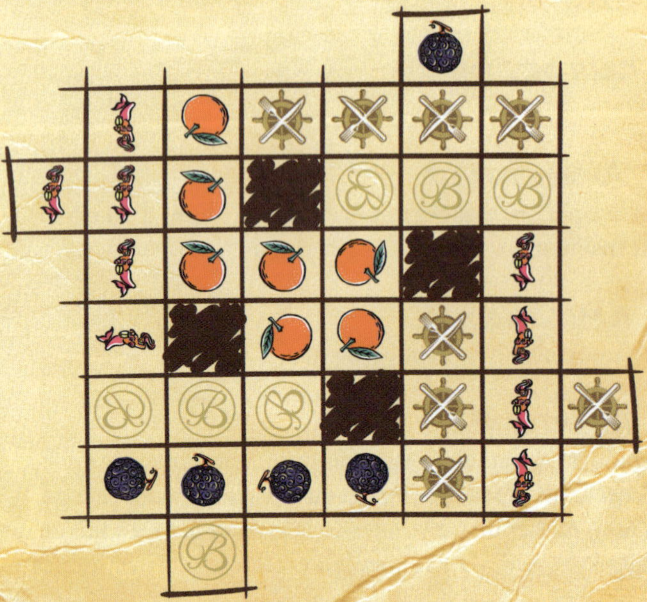

Le coin des fans
Nami, en parlant de la poursuite avec les Marines.

59. Le corsaire
1. À gauche de son chapeau. 2. Yoru. 3. Bleues et vertes. 4. 7 Grands Corsaires. 5. Il la porte en pendentif, dont la forme évoque une croix.

60. Perdu ?

61. Mot de passe
Un secret.

62. Technique de combat
La chaussure, qui a peu de chance de se retrouver dans une assiette : les coups de Sanji ont des noms inspirés de sa cuisine !

63. En duel !
En cas de blessure grave à la poitrine :
1. Mettre en position demi-assise
2. Compresser, à l'aide d'un tissu ou mouchoir propre, pour arrêter le saignement
3. Nettoyer, pour retirer tous les corps étrangers
4. Désinfecter, une fois la plaie bien nettoyée
5. Panser

**Attention, en cas d'accident et/ou de blessures graves, appelez les secours après l'étape de compression et attendez leur arrivée : ne nettoyez et ne pansez pas la plaie vous-même.*

64. Tuer l'ennui
7	4	3	5	8	1	6	9	2
8	6	9	4	3	2	1	7	5
1	2	5	9	7	6	3	4	8
6	3	4	8	1	5	7	2	9
2	9	1	7	6	4	5	8	3
5	8	7	3	2	9	4	6	1
9	1	6	2	4	3	8	5	7
4	7	2	1	5	8	9	3	6
3	5	8	6	9	7	2	1	4

Le coin des fans
C. 85 jours.

Le chef et le plongeur (p. 37 à 41)

65. Petite visite
La rivière était gelée.

66. Faim vorace
Le Fruit du démon vaut 6 jours.
Une mandarine vaut 2 jours : elles sont par lot de 2 à la deuxième ligne, mais il n'y en a qu'une à la troisième ligne.
Donc 2 + 6 + ? = 18
Donc ? = 18 - 2 - 6 = 10
La mouette du courrier vaut 10 jours.

67. Courses alimentaires
Quatre ! Et voici les corrections :
- Trois confitures de pêches
- Dix bouteilles d'eau
- Un pot de pâte à tartiner
- Quatre-vingt-onze grammes de gelée de fruit

Le coin des fans
Zeff.

68. À l'écoute
Les pirates ont simplement caché près de vous… une oreille de Baggy, page 37.

69. L'équipage d'Arlong
C'est un acrostiche. En lisant la première lettre de chaque ligne, on obtient « ATTAQUE », ce qui dévoile les mauvaises intentions du pirate.

70. De sacrés coups
Seule la silhouette numéro 4 correspond : Arlong s'apprête à sauter en avant sur Luffy.

Le coin des fans
31 août 2023.

71. Combat singulier
Seul le coup numéro 3 qui va toucher Arlong.

72. Aveu
Trait-te-raie-sss (Traîteresse).

73. Disparus
Quatre majuscules sèment le trouble : en les réunissant, on obtient « COCO », le nom du village où les pirates d'Arlong se retrouvent.

74. Confusion
Je jure de rester à tes côtés, dès maintenant et jusqu'à la fin. Tu es mon capitaine, Luffy et je serai à jamais ton partenaire.

75. Un cuisinier à bord
Sanji porte toujours une bague au doigt, voilà ce qu'il manque.

76. Tête réduite

Le coin des fans
Il porte une chapka d'hiver.

77. Naufragés

La fille au tatouage de poisson-scie (p. 43 à 48)

78. Pavillon en vue
Le pavillon que vous recherchez est le numéro 3.

79. Ambiance morose
Ne restez pas là ! Arlong est à Arlong Park, son quartier général. Donc autant dire qu'il est intouchable ! Nojiko

80. Petite visite
La question à poser est : « Si je demandais le chemin vers le centre du village, que me dirait l'autre pirate ? » Le pirate qui dit la vérité vous indiquera le chemin vers Arlong Park, car il ne fait que donner la réponse que donnerait le pirate menteur. Le pirate qui ment vous indiquera aussi le chemin vers Arlong Park, car il ment sur la réponse que donnerait le pirate qui dit la vérité.
Il suffira donc de prendre le chemin opposé à celui indiqué par les gardes pour aller vers le centre du village.

81. Lance-pierre
Seul un vrai fan sait que le vert est la couleur de l'arme d'Usopp.

82. Sabre briqué
1. Pommeau ; 2. Garde ; 3. Fil ; 4. Contre-tranchant ; 5. Pointe.

Le coin des fans
Un brassard noir.

83. Comme au bon vieux temps
Vieillard ; rides ; déclin ; maturité ; vécu ; fatigue ; sagesse ; crépuscule ; oubli.

84. Au rapport !
Je fus certain d'avoir passé la zone au peigne fin.
Je ne vis aucun pirate à proximité du village Coco.
J'assurai la sécurité de la zone et attendis de nouveaux ordres.

85. À la main...
Vous qui me lisez, ce sont mes dernières paroles.
Le capitaine Nezumi est corrompu ! Il travaille main dans la main avec Arlong !

86. Un véritable trésor
Dans une tombe : c'est la seule solution qui n'a pas de « R » (« qui manque d'air »).

87. Sacré cachette

E	O	V	R	T	R	V	U	E
E	R	T	U	E	T	R	E	O
R	E	U	R	R	V	E	E	E
O	V	T	T	O	E	T	T	R
R	V	U	E	R	O	V	R	U
U	R	O	U	O	E	R	O	E
T	O	R	T	R	U	V	T	V
V	V	O	E	U	R	V	U	R
V	E	O	U	E	O	O	R	O

Une seule option permet d'écrire « Ouverture » !

88. Quel trésor !
Le coffre contient 4 pièces de 1 000 000 berries, 10 pièces de 1 500 000, 3 pièces de 2 000 000 et 15 pièces de 5 000 000.
Le trésor s'élève à 100 millions de berries, rien que ça !

Le coin des fans
Emily Rudd.

89. Au repaire !
Les trous sur la porte forment un code morse. Il faut s'exclamer « Vive Arlong ! » pour que les gardes vous ouvrent !

90. Gong de la cloche
Les lettres sur les cordes correspondent aux notes : Do Ré Mi Fa Sol La. Pour appeler Arlong, il faut donc faire DSSLR.

91. Dernier combat

92. Gum gum
La jambe de Luffy faisait 22 mètres.
Voici le calcul :
Sa jambe fait, à son habitude, 1 mètre.
Il l'étire de 1 000 %, soit 1 mètre x 1 000 % = 10 mètres
Il la réduit ensuite de 50 %, soit 50 % de 10 mètres = 5 mètres
Il la rallonge de 120 %, soit 5 mètres + (5 mètres x 120 %) = 11 mètres
Il l'étend de 100 %, soit 11 mètres x 100 % = 22 mètres

93. Adversaire surprise
Gomu gomu no katana. La majorité des techniques de Luffy a un rapport avec les armes à feu : le katana n'en est pas une.

94. Puzzle

Le coin des fans
Iñaki Godoy.

PAGE DE NOTES